海の沈黙

公式メモリアルブック

倉本聰

マガジンハウス

〝美〟とはいったい何なのか？

海の沈黙　公式メモリアルブック／目次

「海の沈黙」スペシャルインタビュー

「海の沈黙」
スペシャルインタビュー

映画「海の沈黙」のスタッフ・キャストが
本作の魅力を語り下ろしました。

原作・脚本

倉本聰

60年間、この問いと格闘してきました。美とはいったい何だろう——。

——物語の一大テーマ「美とは何か」。約65年前の実話に材を取られたそうですね。

そうです。1959年に国の重要文化財に指定された永仁時代（鎌倉時代後期）作とされた壺が、じつは加藤唐九郎という現代陶芸家の作品とわかり、61年に重要文化財指定を取り消され、価値が暴落した『永仁の壺事件』です。その顚末《てんまつ》が、僕はとても不思議でした。それなら、これまで壺のどこが、誰にどう評価されていたのか。美しさなのか、その時代に作られたとされたからか。壺に高い価値を付与した鑑定家や研究者はそのことをどう思うのか、また加藤さんご自身はその顚末をどのように受けとめられたのか。

僕は大学で美学を専攻した人間で、そこで学んだアリストテレス美学の根本、「美は利害関係があってはならない」という一節は座右の銘の一つでもあります。永仁時代の作でないとされた途端に価値がなくなることに、どうしても納得がいかなかったわけです。

――その納得のいかなさが、〝贋作〟というモチーフを得てこのドラマに結実しました。

欧州には何人もの贋作家《がんさく》がいます。たとえばゴッホの絵として美術館に展示された絵がじつは贋作家によるものだとわかった途端、何十億の値が付けられていた作品の価値が大暴落する。それが僕には不思議でなりません。

ある有名な贋作家は真作が描かれた当時の時代考証まで完璧に行い、絵の具や画布、釘の一本に至るまで完全に模倣する。世間はそれを贋作とも知らずに鑑賞し、描き手側もゴッホとして流通するあの絵は自分の作品だという快感をひそかに覚えているのかもしれません。かと思えば、オークション中に額縁に仕掛けたシュレッダーで自壊したバンクシーの絵が、過去最高額で落札されたことも。あれは描き手から世界への痛快な皮肉でした。美とはいったい何だろう。ますますわからない。

同じことは料理などにも言えます。著名な評論家や格付け機関のお墨付けがあるから、美味しい、すばらしいと誰もが口をそろえる。そのことへの疑いがずっとありました。だって、僕がこれまで食べたものの中でいちばんうまかったものは学生時代に大衆食堂で食べたソースライスですよ。ソースを白いご飯にかけただけ。でもいまだに、あんなにうまいものはなかった、という思いがあります。

作中でスイケンと竜次の恩人としてほのめかされるイタリアマフィアのボスは、異国の無名の若者にすぎなかったスイケンの、料理人としての才能を一口食べて見抜いた。ボスは真の美術愛好家であると同時に、本物の舌を持つ人でもあったわけです。権威というものの疑わしさ、そういうものに翻弄される世間への皮肉を書いてみたい、という気持ちがそれこそ60年間、僕の中にくすぶっていたんですね。

――それぞれが確たる美意識を持つ天才2人、竜次とスイケンの関係が〝美〟でした。

美への思いが、2人の中で合致したのでしょう。自分の求める美が相手の持っているものだ、と。尋常ならざる美意識、完璧主義の度合いが俗世間や俗物を寄せ付けない。スイケンが（俗物の象徴である）田村修三に直言するシーンは、僕が言いたかったことを少し裸で言いすぎたかもしれません。

――スイケンの直言に完敗したのちも、田村修三は自らの軌道を修正しませんでした。

（直言を受けた田村の表情は）なまなましく屈辱的でしたね。にもかかわらず、その後も彼を俗物でい続けさせたのは、あいつら（竜次とスイケン）の復讐だったんじゃないかな。

――〝あいつら〟を演じた本木雅弘さん、中井貴一さんの起用は本の執筆時から？

本木君については30年近く前、久世光彦演出のTVドラマ『涙たたえて微笑せよ』で狂った天才作家を演じた好印象がずっと頭にあって、今回の狂人的な画家は最初から彼を想定していました。狂えるんですよ、彼は。狂気が出せる人です。

――一方で、なまなましさを削ぎ落とした、澄んだ存在感も印象的です。

竜次が刺青にのめり込むシーンですね。彼が刺青に傾倒したのは、5歳の時に海難事故で両親を失った彼の父・富三が刺青師で、母の白い肌に〝富三命〟と彫っていたことから。母に抱かれて眠った幸せな幼児期の、美しく完璧な肌の記憶への思慕。人の肌の美ははかないですから、刺青のキャンパスとして常に新しい完璧な肌を求める。それは竜次本人より（美の完璧主義者である）スイケンのほうが強かったかもしれませんね。

スイケン役の中井貴一は、善より悪を演じる方が光る役者です。悪を演ずるには役者自身に人間についての哲学がないと難しい。いくら演じようとしてもリアリティや深みを出せない。彼にはそれがあるし、本木や、竜次の元恋人・安奈役の小泉今日子にも。彼女も一歩深い所で役者ってものを捕まえています。そこはもう最初から狙いました。

——竜次が最後まで取り組んだ絵の創作シーンには鬼気迫るものがありました。

迎え火の炎の色を再現することへの執念です。迎え火は、沖で人が遭難すると、その人に浜の方向を教えようと漁師たちが浜に流木などを集めてする大きな焚《た》き火のことです。僕は北海道・天塩《てしお》町の浜で偶然見たことがあります。5時間くらい見ていたでしょうか。そう言うと語弊があるかもしれませんが、美しかった。海難事故で両親を失った竜次にとってあの海を描く時のいちばんのテーマでしょう。「おやじとおふくろが迎え火の赤をめざして、沖から浜へ、今、必死で泳いでいる」（↓シナリオ編P166）のですから。

——完成した絵、竜次は炎のあの〝赤〟に満足できたのでしょうか。

やっぱり違う、と思ったでしょう。あの絵は炎が（より高温の）白っぽくなった時に完成すると僕は思います。物語は完結しません。観る人によって解釈が異なりそうな要素を残したまま。たとえば安奈が作った蠟燭《ろうそく》の涙の意味。あれは誰の、どんな感情が込められた涙なのか。自分の台本でもドラマになった時に観る人にどう解釈されるかわからない。老若問わず、自分の世界を持つ人たちには解釈のしがいのある映画だと思います。

津山竜次役

本木雅弘

もとき・まさひろ
1965年、埼玉県生まれ。81年学園ドラマでデビューし、82〜88年、シブがき隊での歌手活動を経て、89年、映画『226』以降、役者に専念する。主な出演作は映画に『シコふんじゃった』『ラストソング』『おくりびと』（米国アカデミー賞外国語映画賞受賞）ほか、TVドラマに『坂の上の雲』『日本のいちばん長い日』『GIRI／HAJI』（Netflix）ほか多数。

作為を手放し〝自ら〟ではなく〝自ずと〟に託せて、はじめて美の本質に到達できる。

――倉本聰脚本と初めての出合いだったそうですね。

オファーをいただいた時〝来てしまった〟と感じました。倉本さんを知らなさ過ぎる自分がいたからです。『北の国から』が始まった年にデビューし、TVドラマさえ観られない忙しさだったことと、たまに観ても自分との距離を感じてしまって。というのも僕は小学校低学年の頃から、この日常は運のいい日と悪い日の連続であり、今日は運の悪い日だからあの交差点で事故に遭うかも、と思い詰めるような少年でした。ですから、倉本作品でも輝いておられた萩原健一さんや高倉健さんのような、男が男に惚《ほ》れるタイプや男気や男の器量だとかの世界は自分の柄じゃないという思いを、役者になってからも持ち越してしまっていた。つまり依然と倉本さんに近づけない自分がいたのです。

まずそのコンプレックスをどうすれば、と頭を抱えた時に妻（内田也哉子さん）から、最近たまたま観たと、40年くらい昔のドキュメンタリービデオを紹介されました。
北海道・十勝岳の原生林を守る老研究者と自然との関わりを、当時おそらく50代の倉本さんの語りで案内した作品です。命にみちみちた森への新鮮な驚きと畏怖を、視聴者の五感に響く繊細な文章で綴《つづ》られ、自ら読まれていた。文章のすばらしさはもちろんのこと、朗読の魅力にも心をつかまれました。てらいがないのに芯がある。その姿に僕が今、役者としても一人の人間としても目指すもの、あとで説明を加えますが、自分の作為（コントロール）が及ばない無作為に自分を預けているような超然としたものを感じました。それで、あっという間に倉本さんにキュッと心が向いたのです。

——そこからは竜次という役や作品世界に一気に？

いいえ。ことここに至って新しく倉本さんに出会ってしまい、十分に消化して演ずる準備時間がない。だって倉本さんが60年も温めてこられたテーマの一端を背負うのですから、エベレスト登攀《とうはん》に立ち向かうような気分なわけです。ここはもうご本人の言葉に直接ふれなければ無理だ、と思い切ってお電話しました。どんな思いで書かれたのか、その言葉を、竜次を演じる上での〝拠り所〟にしたくて。漠然とした不安を端的に伝えられない僕に、結局、倉本さんは「あなたが感じたようにおやりになればいい」と。

ただ、その時のお話やその後に読んだ資料からわかったことは、倉本さん作品のほとんどはご自身の体験や見聞きした事実、実感をモチーフにされている、ということ。海岸の迎え火も、人の名のあとに〝命〟と刺青した人のことも「そんな光景（人）を見ましてね」と。つまり倉本さんの中ですべて腑《ふ》に落ちておられることなんだって。それでようやく、その感覚をリアルに脈打つものとして自分の中に落とし込んでいこう、と。

――とても慎重に役に近づいていかれるのですね。

勤勉で真面目というふうに受け留められがちですが、自分の至らなさを自分でわかっているというだけ。実際、長く役者をしてきても試練や迷いの連続です。もっと気楽にいきたくても、先ほど話したように子ども時代から不器用に考えこむタイプですから、自分なりに納得できる所まで試行錯誤を重ねないと先に進めないのです。

――竜次という存在の陰影を際立たせた2人との関係を、どう解釈して演じたのですか。

その前に少し横道に逸《そ》れますがひと言。『海の沈黙』というタイトルにまず惹《ひ》かれて調べる中で、フランス人作家ヴェルコールの同名小説（岩波文庫）に出合いました。ナチ占領下のフランスの村で、ドイツ将校に家を占拠された老人と姪《めい》が無言を貫くことで抵抗し続けた物語です。沈黙によるレジスタンス表明という点で竜次とスイケンが歩んだ30年に重なるものを感じました。倉本さんにお話ししたら「ありましたね、そんな小説。とくに意識しませんでした」と言われましたが、僕の中にはそんな意識も少しありました。

後づけですが、スイケンと竜次の関係は最近の言葉でいうソウルメイトだと解釈します。それぞれの挫折、トラウマ的記憶、美意識を醸成した生育環境もどこか重なり合う。言葉にしなくてもDNAレベルかと思う深さで通じ合い、同じ天命を課され、運命のようにめぐり会った。彼らの天命は、この通俗的な社会に〝美とは何か〟を問い続け、自分たちのアウトロー的な生き方を通して無言のレジスタンスを貫くことだったのでは。

天才画家と彼に献身するマネジャーという役割は主従関係にもみえますが、長い目でみれば2人は同じ使命を持つイーブン（対等）な〝魂の片割れ〟同士なのかもしれません。

――もう一人の重要人物、安奈との関係は互いの来し方を労《ねぎら》う優しさに満ちていました。

安奈を演じた小泉今日子さんとの共演が、竜次を演ずる僕の〝お守り〟になってくれました。彼女も僕も10代で芸能界に入り、この世界の善い面、醜い面をたくさん見て育ち、ここまでやってこられた40年来の仲間であり同志。そういう人の存在が、倉本さんという僕にとっては未知の世界に飛び込む背中を押してくれました。

安奈と竜次は元恋人ですが、再会シーンにあったのは愛憎の記憶だけではなく、それぞれに駆け抜けた40年近い歳月への祝福や敬意の交換。その感情が現実の小泉さん、そして自分自身の来し方への感慨に重なったし、小泉さんとも共有できた気がしました。

――美や本質を追求する作業において、本木さんが心に留めていることを教えて下さい。

ある美術家と話す中で、真に上等なものへは作為だけで至れない、と示唆され、深く納得しました。人の想像を超える美は作為と無作為の間にあるということ。最初にお話しした倉本さんのドキュメンタリーになぜ心をつかまれたかといえば、老研究者も倉本さんも意志のコントロールが及ばない何か、つまり人智を超えた存在（＝自然）に自分を預ける姿に打たれたからです。それは僕自身が求める生き方や演じ方にも通じます。

お話ししてきたように僕は臆病で役作りもあれこれ考え、背負える所まで背負おうとしてしまう。そういう自意識はある所までは自分を助けてくれますが、作為に依拠している限りその先へは行けない。ある瞬間に作為を手放し〝自ら〟ではなく〝自《おの》ずと〟に託せなければ美の真価には届かないということ。託すにはまず、弱さやダメさを含めた自分を丸ごと引き受けなければ。美を問う本作を通じてそのことを再認識させられました。

田村安奈役

小泉今日子

こいずみ・きょうこ
1966年、神奈川県生まれ。81年にオーディション番組「スター誕生!」合格を経て、82年に歌手デビュー。数々のヒット曲を放つ。俳優として映画、ドラマ、舞台などに多数出演。2015年には自ら代表を務める制作プロダクション「明後日」を設立し、舞台、映画などのプロデュースに従事。音楽ユニット「黒猫同盟」でも活躍中。

流れた時への慈しみに満ちた再会シーン。一幅の絵画を哀惜する目で演じました。

――制作者としてもご活躍の小泉さん。この作品をどう受けとめられたでしょう。

倉本さんが問われた美とは〝本物〟という意味でもあると思います。人も作品もモノも、本質以外の付加価値で評価されることが増えてしまっている風潮、たとえばトレンドや経済効果みたいなものを剝ぎ取った時に残る本物は？と問われているように感じました。今のエンタテイメント業界にとっても大事なテーマだと思えました。

60年前の事件をモチーフにされたのは倉本さんの執念というより、事件が示唆するテーマをより強く伝えられる時代を待っておられたのでは。倉本さんは記憶の引き出しが豊かで、その一つひとつが世に問われる運命のタイミングを待っているのかも。

安奈役をお受けするにあたっては、先に本木さんが決まっていたことにも背中を押されました。彼ならきっとすてきに竜次を演じてくれるという信頼と期待がありました。

――男たちのドラマの傍らで安奈という女性のあり方をどう出すか、難しかったのでは。

そうですね。ただ、私が思っていたのは安奈も（同世代である）私自身もですが、昔の恋人への感情には、若い人が〝元カレ〟という言葉を使う時のような現実感はないということ。若き日の自分も含め、過去をどこか遠い景色のように回想している。だから、竜次との再会も、愛だ、恋だって気持ちはなく、あの場全体を、そこに立つ自分も含めて一幅の美しい絵のように眺める安奈がいました。こんなふうに描かれる男女の姿は日本の映画ではあまり観たことがなくて、まるでフランス映画みたいと思って演じました。

――竜次の死を見届ける際の、抑制的な雰囲気が心に残りました。

そこで初めて竜次の現実を受けとめたのかもしれませんね。竜次と最後に言葉を交わした再会シーンでは目の前に現れた懐かしい景色だったものが、臨終の場面でようやく生身の竜次を感じ、現実を受け入れ、万感の思いで彼に〝ありがとう〟を伝えたかったのではないでしょうか。

安奈が作った蠟人形《ろうにんぎょう》が流した涙は特定の個人のものではなく、竜次が画壇を追われた経緯に関係したすべての人たちが記憶の奥に押しこめたまま忘れ去ることもできずにきた後ろめたさ、後悔、罪責感などの感情を浄化するものだったような気がします。

――演ずる人にも観客にも解釈の余地を豊かに提供してくれる映画ですね。

私はそういう映画やお芝居がじつは20代の頃から好きでした。先ほど竜次と安奈の再会シーンをフランス映画のようだと言いましたが、繊細で複雑な奥行きを感じさせる作品を自分なりにあれこれ解釈するのが好きなのです。ですから自分が制作側に立つ時も、受け取る人によって響く箇所や響き方がさまざまになれば、と考えています。

竜次とスイケンはすてきでしたね。光と影で表せば〝俺たちは影の道を行く〟覚悟をした二人が、それ以上は（世間に）求めない生き方がかっこよかった。安奈が属するのは光の側ですが、長い間、光の側にいすぎて影の側を忘れようと生きてきたのかもとか、光の側にいる人は政治的な駆け引きにどうしても巻き込まれがちなのに対し、影の側で生きる人はロマンの中で生きる感じもして、（生活に引っ張られがちな）女性は、2人のような生き方は選ばないだろうな、などなどあれこれ想像しながら演じました。

安奈役をうまくできたかわかりません。もっとできたかもという思いもありつつ役者は現場を離れたら監督や観客に委ねるしかありません。皆様の声を楽しみにしています。

――表現者には、常に才能を信じ支えてくれるスイケンのような存在は必要ですか。

わからないです。必要な人もいれば、一人の方がいいという人もいるでしょう。私が一つの道を極めたいタイプだったらお答えできたかもしれませんが、そうではありません。小泉今日子が作ってきたものは仲間とのユニットみたいなもの。歌手活動ではディレクターや楽曲提供者やミュージシャンたちが集うユニットを代表しているだけ。俳優活動も同様です。孤高の表現者だったのではなく総合的に〝小泉今日子〟という作品を作ってきたわけで、その意味では私には（スイケンのような存在は）必要なかったですね。

――ものごとの美や本質を見極める力を、小泉さんはどう育ててこられたのでしょう。

若い頃から心掛け、自分の指標にもしてきたのは、AとBの2つの絵を観た時に10人中9人がAを評価しても、自分はBと感じたらBだと言える勇気を忘れずにいる、ということ。そのためには勇気を担保してくれるだけの中身が自分の中にないと難しい。

そこを埋めてくれたのが、長年の読書や映画や絵画鑑賞などの習慣でした。若い頃は海外に行けば必ず美術館を訪ねて本物にふれ、ホテルや機内では読書三昧。10代からたくさんの〝いい大人〟に出会えたことも大きかったです。たとえば彼らがリアルタイムで観たゴダールの映画について、遅れてやってきた私を子ども扱いせず、今でいうワークショップのような形で感想や論評を交わす機会を作ってくれた。今思えば贅沢《ぜいたく》な経験で、それが自分の思考や暮らし方の土台を作ってくれた気がします。その名残りなのか50代の今も時間が許す限り本や映画やお芝居にふれ、ひとりワークショップのように思いを巡らせることが好きです。自分の癖《へき》になっているのでしょう。

――〝一人の大人〟として社会や政治に声を上げる姿にも多くの人が鼓舞されています。

社会や政治について感じたり考えたりしていることは専門知識がなくたって声を上げていいと思っています。だって暮らしや命に直結する問題ですから。もちろん異論も寄せられるし〝芸能人〟が声を上げること自体に違和感を抱くという声も。でもそんなことは初めから承知の上で、気にもなりません。とにかく無関心がいちばん嫌なんです。何も言わずにいたら死ぬ時に悔やみそう。ダメなことはダメと機会あるごとに発言しようと思っています。若い世代のためにも一人の大人として力強く立っている像は多い方がいい。スポンサーへの配慮に翻弄された頃に比べ、自ら会社を立ち上げてからはより自分らしい選択ができるし、楽しいし、今は風を切って歩けるぜ、みたいな感じです。

碓井健司役

中井貴一

なかい・きいち
1961年、東京都生まれ。父は俳優・佐田啓二、小津安二郎に〝貴一〟と名付けられた。成蹊大学卒業。81年、映画『連合艦隊』でデビューし、同作品で日本アカデミー賞新人俳優賞受賞。主な出演作は映画に『ビルマの竪琴』『四十七人の刺客』『壬生義士伝』ほか、TVドラマに『ふぞろいの林檎たち』『波の盆』『ライスカレー』『武田信玄』ほか多数。

献身という美。〝任侠の美学〟をいかに純度高く表現できるかを考えていました。

――倉本作品では過去にも重要な役を演じてこられました。本を初読された時の印象を。

難しいと思いました。難しすぎて映画になるのでしょうか、と感じたほど。役者が最初に集まった時も全員が異口同音にそう言っていました。だって美は十人十色、概念も価値観も人それぞれで正解がないのですから。同時に、倉本さんらしいな、とも。倉本さんの本の根底にはいつも何かへの怒りがある。怒りが原動力になって物語が立ち上がり、そこに人間の面白さや滑稽さが付加されていく。かつて、医師である老父に看取《みと》られる医師を僕が演じた『風のガーデン』でも、病気を見て人間を見ない現代医療へのご自身の怒りが根底にあったと思います。実生活で見聞きしたり、感じられた怒りや違和感を梃子《てこ》にドラマを立ち上げられる。長年のお付き合いや仕事を通じて美意識にも触れてきましたから、これはもう倉本さんにしか書けないだろうな、と思いました。

――倉本さんいわく、中井さんは悪が光る、と。謎の男スイケンをどう造形しましたか。

脚本家が作った骨格に役者が肉付けするのではなく、倉本聰が描く人物をどこまで具現化できるか、ですね。僕は当初、スイケンはワルなヤクザとイメージしていたら天才料理人だと伝えられ、そこから自分の中で方向を定めていきました。

（自分の夢を竜次に賭けた生き方は）男が男に惚《ほ》れる、というもので、これまでも任侠の世界で描かれてきたものです。倉本さんの中に〝任侠の美学〟があるのだと思います。息絶えた竜次の体を抱いて泣くシーンは任侠の美学そのものでしょう。その美学をいかに純度高く表現できるか。最終的にそこを出せれば、と考えて演じました。

田村修三の所に乗り込む場面でもそう。行ってきます、なんていうんじゃなくてスッと行ってスッと辞する。終始冷徹なんだけど、田村が竜次のことを〝津山君〟と呼んだ時、君づけはやめたまえ、とピシリと反応し、一瞬だけ全身に熱を帯びた。でも次の瞬間にはスッと元に戻っている。あのシーンでこだわったのは、去り際に田村の肩に触れたことです。あれほど冷静沈着な男が、彼の体にわざわざ触れた。田村はゾクっとしたかもしれません。あの仕草にスイケンという人間の空恐ろしさ、究極の美意識を込めた。任侠と美は合わせ鏡みたいなもの。それが彼を演じた僕のテーマだったかもしれません。

――性愛抜きに男が男に惚れる任侠の美学。恋愛とは異なる〝関係の美〟を感じました。

任侠世界の男同士は貸し借りなし。与える者は与え続け、受ける者は受け続ける。損得勘定なしだから関係は洗練され、崇高になっていく。ギブアンドテイクの付き合いや、仕事をもらうために忖度《そんたく》するような関係ではありえない〝献身〟の美しさです。最近では献身なんて時代遅れといわれるかもしれませんが、それが存在したから任侠映画が任侠映画たりえたわけです。それこそが美だったから。

現代社会は人と人の関係でもお金や損得の視点が優先されて美どころではありません。映画も成立しづらいし、政治の世界でも裏金が横行する。お金の多寡が、本来の価値や質や関係をにごらせる。この作品はそういう問題の核心を突いている。

竜次と安奈の関係でも同じことが表現されていたと思います。彼女は田村と結婚したけれど、心の底には30年以上にわたって竜次がいる。損得勘定なく思い続けている。倉本さん自身の憧れかも……と思ったりもしました（笑）。

――「君だけがオレを支えてくれた」は、献身に対する竜次の渾身《こんしん》の返答ですね。

あの場面でスイケンは絶対に涙は流すまいと決めていました。そんなことをしたら、長年築いてきた崇高な関係が安っぽくなると思ったからです。最後まで自分の感情は傍らに置き、竜次に献身するスイケンがいる。それに終始したということです。

——早くに親を失った痛みは竜次の創作の力にも。ご無理がなければご自身の思いを。

かまいません。僕は2歳で当時38歳の父（俳優の佐田啓二さん）を交通事故で亡くしました。その痛みや悲しみの記憶は60歳を超えた今なお心にあります。

子どもの頃は、自分は38歳以上にはなれない、という気持ちで生きていました。母に言っても、大丈夫もっと生きられるよ、としか言われませんが、思い詰めた気持ちは覆せない。トラウマですね。昔、幼児を子育て中だった友人に、お前は絶対に死んじゃダメだ、今死んだら子どもはお前のことを覚えてない、生き続けてくれとよく言ってしまってました。子どもの目線なんです。自分に父の記憶がほとんどないつらさから。

消えない痛みや悲しみの記憶とどう折り合い、自らの生きる力や創造する力に変えていくか。何かを表現する職業の人は多かれ少なかれそういう部分を抱えているのでは。役者の僕も同じです。その部分でも竜次には非常に共感するところがありました。

――美の基準を自分の中に根付かせ、育てるために意識されていることがありますか。

平凡な毎日の中でも、ものに感ずる感性や感謝の心を鈍らせないことだと思います。以前、東日本大震災でご家族を亡くされた男性に、こんなお話を伺ったことがあります。家族皆で夕飯を囲み、今日はどうだった、ああだったみたいな、どうってことない会話がいかに尊く、幸せだったか気づいた、と。その方は（被災でご家族が亡くなられたのは）その幸せに気づけなかったバチだ、と。バチなんかじゃ決してない。でも、それ以来、「あたりまえ」であることに感謝して生きよう、と気持ちが僕の中でも強くなりました。

たとえば、ふと見上げた夜空にきれいな月が出ていたら、お月さんきれいだな、ありがとう、と感謝する。それだけで今日はよかった、とも。おいしいものを食べたら、うまいな、幸せだな、と意識だけでも立ち止まって言語化する。そういうささやかな感動や感謝の積み重ねが感性を鈍らせず、美の感度を上げることにつながると思います。

駆け出しの頃、先輩役者さんたちに、無意識でも演じられるようになる大切さを叩き込まれました。頭で考えて演じているうちはだめ。〝手が遊んでいる〟と。それを意識して何度も何度も練習するうちに、いつか無意識に手も動くようになっている。

感性を高めるのも、それと同じ。訓練なんだと思います。日常の小さな意識の積み重ねがいつしかその人のリアリティになり、その人自身をも作っていくのだと。

あざみ役

菅野 恵

かんの・けい
1994年、東京都生まれ。ミュージカル好きな母の影響で子ども時代から観劇に親しみ、2015年、舞台芸術学院卒業後、ミュージカルショー「STAND IN THE WORLD」でデビュー。2017年、富良野GROUP公演『走る』に出演以降、倉本聰主宰のワークショップに参加。本作で映画デビュー。

若い世代にも響くテーマ。スマホを遠ざけ、心をちゃんと動かして生きること自体が〝美〟。

――映画初出演。にもかかわらず、天才画家に美と記憶を喚起させる重要な役でした。

最初に本を読んだ時は、どう役に入ればいいか見当がつきませんでした。あざみの人物像や全体の中での位置付けは彼女の来歴を読み込み、（倉本）先生と話して、自分なりに徐々に作っていきました。でも、だからってどうしていいかわからない。ある時、わかりすぎなくていいんだ、と。本木さん、中井さん、小泉さん、石坂さんたちが演じた人々の30年超えのドラマは彼ら〝おとな組〟が作り上げるのだから、そこに今、現れた若いあざみはへんに理解しすぎなくていい。ただ、天才彫師の刺青がかっこよくて、自分も彫ってほしいから竜次とスイケンの元を訪ねたし、自分と似た来歴を持つ竜次の痛みに共振して冷たい彼の体を自分の体で温めた。そうしたかったから。性的な意味はなく。考える前に野生動物みたいな勘と感情で動けるあざみを魅力的だと感じました。

——倉本さん肝入りのベテラン役者ぞろいだった現場。プレッシャーもあったのでは。

これほどの役者陣、監督、スタッフが同じ方向に向けてエネルギーを傾ける姿に感嘆し、鼓舞されました。だから（現場に）入ってからの方が楽しかった。ここで自分がものおじしたり萎縮していいてはだめだ、私もその場にハッタリでもいいから一人前の存在として立っていなきゃ、と。だから完成作を観て、私に足らなかったものはその部分でもあった、と気づかされました。以来、仕事を離れた実生活でも、（いろいろな面で免責される未熟な若者ではなく）〝一人のおとな〟として立つことが今の私の課題です。

——先輩たちから学んだことはなんですか。

私は自分が演じたあざみにいかになりきるかで精一杯。でも、本木さんにしろ中井さんにしろ、そんなことは当然で、それをどう効果的に見せるかまで計算されていた。目や指先の動かし方ひとつ、それが画角の中でどう見え、どんな意味を持つか、理解し尽くされていた。役柄になりきる主観と、それを表現する役者としての客観のバランスが高レベルで拮抗《きっこう》している。役を消化し切っているからできるのだと感じました。

――観る者に問いかける大人の映画でした。若い菅野さんの心にはどう映りましたか。

メインテーマ「美とは何か」についてずっと考えていました。というのもネット情報やSNSなどの評価にさらされ続けると、自分で判断したり本質的なものを感じとる機会を見失いがちだから。ですから作中で、竜次が「日本海に見てもらいたくて」海辺で個展を開き、「評判は？」と問われて「全部風にぶっとばされました」と答える場面が響いたし、大好きです。他者の承認や評価のために描いているんじゃない。ただ描きたいから。ゆるぎない自信があるから作品は海にだけ見てもらえればいいし、風にぶっとばされても気にしないと笑う姿に、美の真の求道者としての生き方が凝縮されていました。

――美の基準を自分の中に育てるために意識されていることがあれば教えてください。

先ほど大人向け映画と言われましたが「美とは何か」は若者にも響くと思います。私は今、自然豊かな街に住み、野菜づくりに喜びを感じたり、朝陽や夕陽の美しさに感動する毎日を送っています。周りにはそういう生き方を求めて移住した20代30代も多いです。まずスマホやネットから離れてみる。そして自分にとって美とは何か、何が快適か。自ら考え、心をちゃんと動かして生きること自体が美ではないでしょうか。

田村修三役

石坂浩二

いしざか・こうじ
１９４１年、東京都生まれ。慶応義塾大学卒業。デビューは高校時代の58年、ドラマ『お源のたましい』。劇団四季を経て役者、タレント、司会者、コメンテーターなど幅広い分野で活躍。主な出演作は映画に『石坂浩二の金田一耕助シリーズ』『細雪』ほか、テレビドラマに『ありがとう』『水戸黄門』『白い巨塔』『やすらぎの郷《さと》』ほか多数。

田村修三は今という時代の終焉を示唆し、竜次とスイケンは美の未来を予感させる。

——画家でもある石坂さん。田村の人物像や、美について様々な思いを抱かれたのでは。

美には誰もが認める普遍的な面がある一方、とても個人的で主観的なものです。人間関係で相手を理解することが難しいように、美も他人がそれをどう感じているか分からない。分からないから評論家など〝美のプロ〟といわれる人々の言葉を受け入れることで安心し、共通認識を持つ喜びだけのものに。その現状を伝えるのは難しいし、言葉にも映像にもなりにくい。その問題にこの本は直球で取り組んでいる、とまず思いました。日本を代表する画家である田村修三は竜次とスイケンのヒール役として描かれますが、勧善懲悪の単純な話ではないと僕は解釈しました。彼には彼の、美や創作について積み上げた世界がある。妻・安奈と竜次の過去への複雑な感情もあるでしょう。だから、スイケンの直言を受けた場面で、水戸黄門に成敗されて終わる話ではない、と。スイケンの言葉が真実を突いていても、それを彼の意図通りには田村は受けとめていないことや、観客が自らの美意識について思いをめぐらせられるような含みを持たせたかった。少なくとも、お前は俗物だと否定されて終わるだけの存在にならないようにと思いました。

――田村的な人物や、それを評価する社会への石坂さんの寛大な解釈が少し意外です。

絵や美術品をめぐる問題でいちばん危険なのは美がお金で評価される現実。田村は俗物に見えますが、彼を俗物にしたのは美の価値を金銭に置き換えてうごめく周囲の人々。彼自身は絵が好きで描き続け、気づいたらその渦中にいただけかもしれません。彼のような人物に寛大なのではなく、僕自身は批判しない、という立場です。個人が個人に言うことではないから。倉本さんも、だから作品を通して訴えたのだと思います。

もちろん誰もが自分の中に美の基準を持てればいい。でも、持ちにくい人や持てない人もいる。そういう人を非難するのではなく、いつか目覚めてもらえればと思うし、この作品もそういう長い射程をもつ作品でしょう。その意味で田村は、美の価値が権威による評価や金銭的価値に左右されがちな今という時代の終焉《しゅうえん》を示唆し、竜次とスイケンは未来を予感させる。2人は美の未来であり〝夢〟なんですね。

——画家や料理人としても知られるご自身の美意識をどう育ててこられたのでしょう。

子どもの頃から好きで描いていましたが、自分の志向をはっきり意識したのはピカソやマティスの本物を見た20歳の頃。まず色に驚きました。すばらしく大胆できれい。欲しいけれどももちろん高すぎて手が出ない。じゃ、自分で（そういうものを）描こう、と。それが今も続いている感じです。料理も皿に描く絵ですね。重要なのは盛り付け。以前、フランス・ブルターニュ地方のレストランを訪ねた際、オマール海老料理の皿の小さな窪《くぼ》みにチョコレートが。シェフに食べ方を訊《き》いたら、食べるためでなく、オマールを食べる時、鼻先にふっとチョコの香りをかすめさせるためだと。そうか、盛り付けはここまで計算し尽くす、食べるためだけではないのだと感服し、大いに示唆されました。

——多様な楽しみ、多面的な生き方が石坂さんの若さや活力の源でもありますね。

友達には役者以外の職業の人が多く、仕事や人生の幅も広げてもらえた気がします。趣味や楽しみを抑えることもなかったから歳を重ねても退屈したり飽きることがない。今もちょこちょこ料理を作ったり、絵を描いたり、夜中にふと包丁を研いだりするのが好き。若いと言ってもらえるとしたら、生き方が変わっていないからかもしれません。

監督

若松節朗

わかまつ・せつろう
１９４９年、秋田県生まれ。日本大学藝術学部卒業後、ＴＶドラマのＡＤ・演出補などを経て、１９８６年、共同テレビジョン入社。その後、独立し現在はフリー。主な代表作は、映画に『ホワイトアウト』『沈まぬ太陽』『柘榴《ざくろ》坂の仇討《あだうち》』『Fukushima50』ほか。ＴＶドラマに『振り返れば奴がいる』『お金がない！』ほか多数。

命の炎が燃え尽きた天才を抱くもう一人の天才。2人の究極の愛をピエタ像に重ねた――。

――80年代からキャリアをスタートさせた監督。倉本さんと映画では初タッグですね。

70年代に放映された倉本さん脚本のＴＶドラマ「うちのホンカン」「ばんえい」「幻の街」などの名作は、同じ頃にドラマ制作を志した僕の教科書でした。ドラマにかかわる人にとって倉本さんは当時から尊敬と憧れの的。この台本を読んで最初に感じたのも役者が〝血を通わせられる〟ドラマだということ。人の心の琴線に確実にふれる物語。そこはやっぱり倉本さんだし、僕が憧れてきたのもここだ、と再認識しました。同時に（作家の）メッセージの強さと深さを伝える難しさも。美とは何か、スイケンが田村修三にいくら渾身の直言をしたところで、納得できる人が何人いるだろうか……。というのも倉本さんの思いが強いから。竜次の姿は、かつて脚本を書いた大河ドラマの制作途中でＮＨＫと決裂した後、北海道に一人渡った倉本さんそのものでしょう。その思いを映像で表現されたいのだと。そう言われたわけではありませんが、僕はご本人の執念を感じ、その世界観を表現しよう、というのがこの映画の出発点でした。

――竜次と安奈の再会場面は重厚な世界に吹いた涼風でした。監督のアイデアですね。

再会場面にはこだわりました。あの場面がなく〝仄《ほの》めかされる〟だけでは、元恋人同士の現在の心象が伝わらない。40年近い歳月を経て互いに歳をとったけれど、かつて惹《ひ》かれあった人間的魅力のコアは変わらず、人として成熟していることを感じ合った。再会の時間は短く、交わした言葉は淡く少なくても、手と手がふれた一瞬に2人の気持ちが深い所で共振した。あの感覚に共感してくれる人は多いのではないでしょうか。

――あの涼風が、スイケンと竜次という天才2人の〝究極の愛〟を際立たせています。

2人は芸術家とその料理人兼番頭の関係ですが、皿に絵を描くのが料理人という意味では、ともに芸術家。互いに拮抗する美意識の持ち主でもあるから、スイケンには竜次の際立った才能がわかる。竜次の才能を開花させるために、彼は一流の料理人として約束された自らの道をなげうって相手の夢に賭けた。究極の愛、崇高な愛です。

――〝究極の愛〟への竜次の返事が「君だけがオレを支えてくれた」という言葉でした。

絵の具に吐血を混ぜて描いた意味を理解したのも、スイケンだけだったかもしれません。赤は迎え火や炎の色というだけじゃない、命にかかわる血であり、やがて尽きる命そのもの、と僕は解釈しました。だから、命の炎が燃え尽きた竜次を抱くスイケンをミケランジェロのピエタ像に重ねました。弟子や群衆に見放され、十字架刑で息を引き取ったキリストの亡骸《なきがら》を抱きかかえた、慈愛、悲しみ、赦《ゆる》しの象徴、聖母マリアの姿です。

――監督にとっての〝美〟は何ですか。

美の定義は人それぞれ。僕は、毎朝の散歩で見つけた名も知らない花々に足をとめたり、ロケなどで一人見る東京湾の朝焼けに、なんて美しいんだろうと見惚《みほ》れることがあります。誰もが〝美しい〟と語るものだけでなく、たとえば降り続く雨や、それが霧雨のようなさま、そこに陽が射《さ》した一瞬など、偶然の産物として与えられる美に感動します。その意味では美ははかないもの。同時に、命を終えるまで続くものでもある。僕は75歳になってなお、美しさってこんないっぱいあるんだと日々驚くことの連続です。

竜次の絵として登場する高田作品。130号の超大作4点を含め15点の新作を、約3ヶ月間、寝食を忘れて完成させた。

絵画監修 高田啓介

荒天や荒波が生む躍動感。本に拮抗する絵を描いた。

岩手の山奥で家業の農業を続けながら45年以上、描いてきました。絵に集中できるのは農閑期の冬。雪が降るとボロ車に画材を山ほど積んで、下北や竜飛や秋田の日本海側に創作の旅に出ます。山奥に住みながら、なぜ海ばかり描くのかと訊かれるけど、冬の荒天や荒波が生むダイナミックな動きが好きだから。北の冬の海には青なんかない。海と空の境もわからない。暗い空に真っ黒な海、鉛色の波がバーンと岩にぶつかる所だけが白い。そこに灯台があれば真っ赤に描く。黒と赤と白の世界。そういうものを描いて日展で入選し、絵画の世界で生き残ってきました。今回の話(絵画監修)も、僕のそんな絵を知る著名な画家さんと美術誌の編集長がこの映画の関係者に、イメージにぴったりだと推薦してくれたのがきっかけでした。

脚本を読んで、整った絵を描いちゃダメだ、と直感しました。巧《うま》い絵なら、そうそうたる肩書きの先生が大勢いる。僕に期待されたのは、人に有無を言わせないほど個性が突出した作品。そうでないと作品の強さに絵が負けると思いました。

本木雅弘さんが役作りのために僕のアトリエに来てくれた時も、下手くそでいい、絵は感情と感覚で描くものと伝えました。巧くまとめねば、という先入観を壊せ、壊せって。彼はすぐ理解してくれた。純な気持ちで打ち込める人ですね。役者も絵描きも、他の追随を許さない個性と、自由で誠実な生き方から滲むものこそが命、という意味では同じだからでしょう。

肩書きやお金より、自由に描く喜びに生きた竜次の姿は同じ絵描きとして鼓舞されました。僕はもう72歳だけど今からかもしれない、と。本当に描けるのは。

たかだ・けいすけ
1952年、岩手県生まれ。農業の傍ら、独学で絵を学んで創作を続け92年に東光展東光賞、94年日展入賞(以後13回)、2019年と22年に日展特選など受賞歴多々。現在は日展準会員、東光会常任理事・審査員。

「海の沈黙」

主要人物相関図

小料理屋女将
牡丹
（清水美砂）
▼ p66

元料理人
碓井健司
（中井貴一）
▼ p59

マネージメント

画家・刺青師
津山竜次
（本木雅弘）
▼ p48

元恋人

ローソク作家
田村安奈
（小泉今日子）
▼ p55

結婚

画家
田村修三
（石坂浩二）

バーの女
あざみ
（菅野恵）
▼ p70

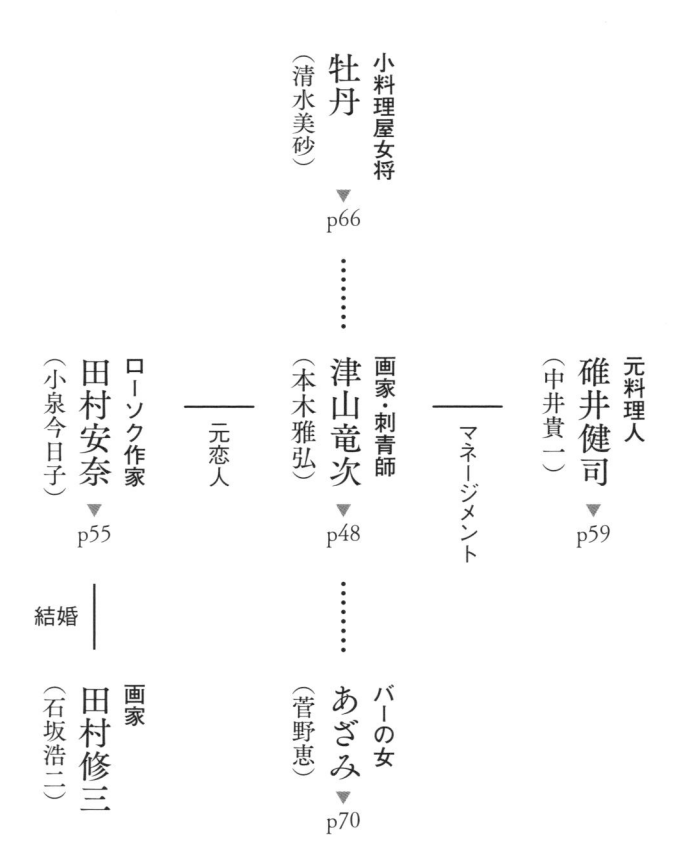

「海の沈黙」
人物背景

本章の「人物背景」は倉本聰が撮影前に
それぞれのキャストに手渡したものです。

津山（井上）竜次 履歴

1965年／0才
（昭和40年）

青森県下北の漁師、津山富三《とみぞう》、りんの子として生まれる。
両親は夫婦船といわれる夫婦で漁をするまぐろ漁師。
父・富三は若い頃、東京で修業した彫り物師で、
彫り富の名で知る人ぞ知る存在だった。
母・りんの体には内股に「富三命」という彫り物があった。

物心つくと、一人浜に出て、両親の帰りを待ちながら
砂浜に流木で一人絵を描き遊んでいた。
ある日、その絵を見た旅の画家に、その絵を絶賛されたことがある。

1968年
（昭和43年）

父・富三が訪ねてきた男の背中に
極彩色の竜の刺青を彫っている現場を目撃し、
衝撃と共にある種の感動を持つ。

母・りんは真っ白な肌をした豊満な肉体を持つ女だが、
いつも竜次を抱いて寝てくれる。
ある夜、隣室で獣のような声をあげて果てた
母と父の情事を見てしまい、死体のように眠った母の豊かな内股に、
父の彫った刺青を見てしまう。
「富三命」という青いその文字は竜次の一生を縛ることになる。

1970年／5才
（昭和45年）
両親、海難事故により死亡。
母方の伯父・井上重吉（網元）に預けられ、
養子となって井上姓を名乗る。

1971年／6才
（昭和46年）
風間浦小入学。
伯父・井上の元で漁師の下働きをさせられる。

1974年
（昭和49年）
同級生からいじめを受け、孤立。
不登校になり、漁の下働きと絵を描くことに夢中になる。

１９７５年／10才
（昭和50年）

父の遺品の彫物刀で鮫の死骸に花を彫る。
以後、その彫り物が病みつきになり、
まぐろ、鯨などの体に次々に絵を彫ることが愉《たの》しみになる。

１９７７年／12才
（昭和52年）

大畑中進学。
絵の教師・田中参三を知り、彼の下宿に入りびたって、
その所蔵する古今の名画に魅せられて、それを模写することに没頭。
その才能が田中を驚かす。

１９８１年／16才
（昭和56年）

3歳年上の漁業職員・三枝たまこに恋。童貞を失う。
たまこの背中に魚の絵を彫り、それが周囲の知ることになって
村中の騒ぎとなる。

１９８２年／17才
（昭和57年）

伯父・重吉の画策で村を出奔。
東京・築地の魚市場につとめる。

1983年／18才
〜1985年
（昭和58〜60年）

絵を描くことに没頭。
魚市場で生計を立てながら、美術館を廻《まわ》り、
独学で絵画の才能を磨く。

1986年／21才
（昭和61年）

東京藝大美術科に主席入学。
天野光太郎画伯にその才能を絶賛され、内弟子になる。
天野の一人娘・安奈《あんな》（19才）を知り、たちまち相思相愛の仲に。
天野の助手である売り出し中の新鋭画家・田村修三の嫉妬を買う。

1987年／22才
（昭和62年）

藝大春風会に「海の沈黙」を出品。
金賞をとるも、師・天野光太郎の「安奈像」を塗りつぶし、
その上に描いたことが判明して大問題に。
田村修三ら、この一件で竜次を糾弾。
更にこの年、安奈の体に刺青を彫ろうとしたことが発覚し、退学。
画壇から追放される。

1988年／23才
（昭和63年）

ヨーロッパに渡る（最初はパリ）。
最初は皿洗いをしながら美術館に通い、
古今の名画を模写していた。
27才までヨーロッパ各地を転々。

その間、リヨンで売春婦・フランソワーズと同棲。
彼女の体に彫った浮世絵の刺青が有名になり、
ルネという通称で刺青の仕事が舞いこむようになる。
フランソワーズと別れる。

1991年／26才
（平成3年）

イタリア・シチリアで、料理人・碓井健司《うすいけんじ》（スイケン）を知り、
彼の紹介でイタリアン3つ星レストランオーナー・
老画家クロトーネを紹介され、可愛がられる。
クロトーネはマフィアの一族であり、
シチリアのカタニヤに古城を持っているが、
彼は竜次の才能を見抜き、古城の一室をアトリエとして整えて、
彼に贋作《がんさく》作家としての特訓をほどこす。

1994年／29才
（平成6年）

パリの展覧会に出品された田村修三の「落日」を模写。
自作「海の沈黙」を塗りつぶして描いたその贋作を
スイケンの手に渡す。

1999年／34才
（平成11年）

ゴッホの「糸杉」を模写。
スイケン、クロトーネの手を経て、サザビーのオークションで
本物と認定され、22億で落札される。

2000年／35才
（平成12年）

スイケンのつれてきた19才の日本人少女・尾高夕子《おだかゆうこ》の全身に、
浮世絵の刺青を無数に彫る。
この少女・夕子を「牡丹《ぼたん》」という名でスイケンはつれ回す。
牡丹はその後の10年近く、竜次の情婦として身の廻りの世話をする。

2004年／39才
（平成16年）

ドガの贋作を描く。

2010年／45才
（平成22年）

ダ・ヴィンチの贋作制作。
32億で落札されるも、贋作ではないかという噂が流れ、
北欧に移住。

2018年／53才
（平成30年）

帰国。
スイケンの世話で小樽の廃校にアトリエを構える。
贋作と縁を切り、自分の絵画を追求しようと
半漁半画の暮らしに切りかえる。

肺に発病。

田村安奈 履歴

1967年／0才
（昭和42年）

画家・天野光太郎が45才の時、モデルの女子大生との間に作った娘。
当時、天野はまったくの独身で藝大教授として高名であり、
画家としても脂の乗り切った頃。ヨーロッパでも高く評価され、
レジオン・ド・ヌール勲章を受けた国際的な有名人だった。
彼女は光太郎の妹・節子に預けられ、
軽井沢の光太郎の別荘兼アトリエで育てられる。

1973年／6才
（昭和48年）

軽井沢小学校入学。
自然の中でスクスクと育つ。

1979年／12才
（昭和54年）

東京・文京区白山の父の豪邸に移り、女子学院中等部に入り、
父の愛情を一身に受けて育つが、
夏・冬の休校時期には軽井沢へ行き、

自然の中で暮らすことを愛す。
父の弟子である彫刻家・成田春三に彫刻の手ほどきを受け、
木彫りを作ることに夢中になる。

1985年／18才
（昭和60年）
多摩美術大学彫刻科入学。

1986年／19才
（昭和61年）
父の弟子である藝大生・津山竜次《つやまりゅうじ》と出逢い、
激しい恋に落ちて処女喪失。

1987年／20才
（昭和62年）
「海の沈黙」事件起こる。
助手・田村修三らの竜次排斥運動の中、一途に竜次を慕い、
竜次の下宿に通いつめる。
竜次に刺青を彫られかけ、その暴挙に仰天して逃げるが、
この事件が表沙汰になり、竜次は画壇から永久追放。
そのまま行方不明となる。

1990年／23才
（平成2年）
田村修三の求愛に負けて結婚。

1992年／25才
（平成4年）
田村に愛人がいることを知る。
愛人は京都祇園の芸妓。
しかも、そっちに2人の子供までいることが判明。
離婚を求めるが、田村が応じず、
そのまま仮面夫婦をつづけることを決意する。

2001年／34才
（平成13年）
ローソク作家として名を揚げかけていた
多摩美の先輩・石山透に入門。
ローソク芸術の面白さに溺れる。
石山と不倫。
すぐ別れる。

2004年／37才
（平成16年）
父・天野光太郎死亡。

２００８年／41才（平成20年）　白山の邸の土蔵に、ローソク工房「灯の家」を開設。評判を呼び、弟子増える。

２０１５年／48才（平成27年）　夫・田村修三、紫綬褒章受章、藝大学部長になる。

２０２２年／55才（令和４年）　新作ローソク「木の老人」により、日本ローソク美術協会特別賞を受賞。

木下（碓井健司）通称スイケン 履歴

1962年／0才（昭和37年）
東京・世田谷に木下家長男として誕生。
父・健介、母・美千代。
家は日本橋で古美術商を扱う老舗・山海楼。

1968年／6才（昭和43年）
上野毛《かみのげ》小学校入学。
妹・美保誕生。

1972年／10才（昭和47年）
両親、母の浮気により離婚。
妹は母の元へ、彼は父に引き取られる。

1974年／12才（昭和49年）
成城中学入学。
父の命により美術部に入って家業を継ぐべく絵画の知識を身につけ、
自身もまた画家について絵を学ぶ。

1978年／16才
（昭和53年）

父・健介、横山大観の絵を右翼の巨魁・水野重吉に13億で売り、それが自元党政務会長・林田林之助に贈られるが、それが贋作であることが発覚し、右翼の猛攻撃にあって自殺。店も全部取られて放り出される。

1980年／18才
（昭和55年）

成城高校の2年後輩・碓井マリと初恋、童貞喪失。マリを妊娠させ、堕胎させて退学。

1982年／20才
（昭和57年）

グレる。
高校時代の悪友・水木祐介やそのワル仲間とつるんで新宿ナンパ組を結成。女をナンパしては売り飛ばす極道生活。ヤクにも手を出し、札つきのワルに。
逮捕数回。

1983年／21才
（昭和58年）

碓井マリの父、刑事・碓井次郎にこんこんと説諭され、マリが自殺未遂を起こしたことを聞いて目を覚ます。

碓井の世話でイタリアン料理の鉄人シェフ・火打五郎に弟子入り、
皿洗いから鍛えられる。

1987年／25才
(昭和62年)

料理の腕をめきめき上げて、
火打の経営する青山のイタリア料理店、
ゴロアールの二番シェフまで上りつめる。

1989年／27才
(平成元年)

たまたま来日中のイタリア人、
マルチェロ・クロトーネに気に入られ、
彼がイタリア・シチリア島で持つ3つ星レストラン
「レンティーニ」のコックにスカウトされてイタリアへ渡る。
その時、自分を碓井健司（スイケン）と名乗る。

1991年／29才
(平成3年)

流浪の天才画家・津山竜次と
クロトーネの紹介によって知り合う。
当時の竜次はヨーロッパで刺青師・ルネとして
裏の世界で知られていたが、

画家でもあり、マフィアの一族でのあるクロトーネは
彼・竜次の非凡な才能に気づき、
彼に贋作を描かせることを企画し、
スイケンこと健司をそのマネージャーとして専従させる。
以後、スイケンはクロトーネのコネクションから
ヨーロッパの古城に眠る古絵画発掘の偽履歴を創作することに
料理人のかたわら専念し、
贋作シンジケートを作り上げる。

1993年／31才
（平成5年）

竜次の試作贋作、田村修三の「落日」完成。
スイケン、その出来に自信を深め、
以後、竜次の番頭に徹することを決意する。

1999年／37才
（平成11年）

竜次の描いたゴッホの贋作「糸杉」を
サザビーのオークションで22億で落札させる。
同年帰国し、渋谷・宇田川町で
北海道から出てきた尾高夕子を知る。出来る。

18才の夕子のあまりにも美しい白い肌に
刺青カタログを彫ることを思いつき、
夕子にその件を納得させる。

2000年／38才
（平成12年）

夕子をイタリアへつれて行き、竜次を紹介。
竜次、その体に浮世絵の刺青カタログを彫ることを承諾。
竜次は夕子と同棲。
その体と肌にのめりこみ、3年かけてカタログを完成。

2003年／41才
（平成15年）

スイケン、夕子を「牡丹」と名乗らせ、
ジャポニズムの刺青人間カタログとして
ヨーロッパ各地を竜次、夕子と転々。
彫師・ルネと浮世絵刺青を流行らせて大儲けする。

2004年／43才
（平成16年）

ドガの贋作を作らせ、19億で落札させる。

２０１０年／48才（平成22年）
ダ・ヴィンチの贋作、32億で売れる。
ルネこと竜次による二大贋作の売買成功による財をなし、一時帰国。
札幌・菊水に小さな画廊トリノを出店。
以後２０１５年まで表面画商として日本、ヨーロッパを往復。

２０１５年／53才（平成27年）
牡丹こと夕子と竜次破局。
牡丹の肌のかげりに気づき、人間カタログを半分卒業させ、
帰国させて小樽に居酒屋「風花《かざはな》」を出してやる。

２０１８年／56才（平成30年）
竜次、贋作制作に興味を失いつつあることに気づき、
必死に説得。

２０２０年／58才（令和２年）
小樽に「マロース」開店、陰のオーナーとなる。

２０２３年／61才（令和５年）
岩内《いわない》出の少女、神崎結《かんざきゆい》を知り、「あざみ」と命名して
第二の人間カタログにすることを決め、当人を説得、承諾を得る。

竜次の病状を知る。
牡丹、入水自殺。

尾高夕子（牡丹）履歴

1981年／0才
（昭和56年）
北海道・北見に生まれる。
母は北見市繁華街で風俗店につとめ、父の名前は判らない。

1987年／6才
（昭和62年）
北見公立小学校に入るが、
父なし児童として激しい差別を受け、孤立。
登校拒否をくり返す。

1996年／15才
（平成8年）
旭川に出奔。
齢を偽って、3・6街のスナックにつとめる。
その美貌は町で評判となり、
黒井組若頭・進藤重吉に処女をうばわれる。
重吉には間もなく捨てられるが、
重吉の全身に刺青が彫られていたため、

刺青の男に激しく反応するようになり、
以後、何人かのヤクザと関係を持ち、
その美貌と色気に磨きがかかる。
同時に自分も体に刺青を彫りたいという
ひそかな願望を持つようになる。

1998年／17才
（平成10年）

東京に出て、渋谷宇田川町のクラブに籍を置く。
奔放に男を変え、その肌と純白の肉体は渋谷の男たちを狂わせる。

1999年／18才
（平成11年）

店にたまたま来た碓井健司を知り、一つの話を持ちかけられる。
それは全身に様々な刺青を彫って刺青の人間カタログとなり、
ヨーロッパで稼ぐことである。
積極的に興味を持って承諾。

2000年／19才
（平成12年）

初めてイタリアへ渡り、彫師・ルネこと津山竜次を紹介されて、
背中に牡丹の刺青を彫ってもらう。
それはクロトーネを興奮させ、

フランス語でボタンを意味する
la pivoine（ピボワンヌ）と命名される。
ピボワンヌの牡丹は、その後、全身にいくつもの浮世絵の刺青を
竜次の手によって彫ってもらい、スイケンの手によって
特別の刺青希望高級客にのみ、
全身の人間刺青カタログとして披露される。
それはたちまちヨーロッパ社交界の裏社会で有名になり、
ルネ（竜次）の名とともにひっぱりだこになる。

2000〜2014年／19〜33才
（平成12〜26年）

ピボワンヌ（牡丹）の黄金時代である。

2015年／34才
（平成27年）

肉体にそのかげりが見え始めた牡丹は、
竜次とスイケンにあっさり捨てられる。
人間カタログを卒業した彼女はヨーロッパから帰国させられ、
小樽・色内に小料理屋「風花」を出してもらい、
そこの女将に落ちつく。

2021年／40才
（令和3年）

スイケンが牡丹に代わる人間カタログを探しているが、
うまくいっていないという噂を聞き、嫉妬に狂う。

2023年／42才
（令和5年）

次の人間カタログが決まったという噂。
同時にスイケンの部下・加納《かのう》から1千万の手切れ金を渡されて
いたく誇りを傷つけられる。
新カタログのあざみに逢って、
その肌の美しさにショックを受け絶望。
高島の海に入水自殺をする。

神崎結（あずみ）履歴

1998年／0才 北海道岩内に生まれる。
（平成10年） 父・住夫は北電泊原発職員。
母・伸子は漁協の事務員。

2004年／6才 公立岩内小学校入学。
（平成16年） 水泳部に入る。

2006年／8才 両親 交通事故で死亡。
（平成18年） 蘭越《らんこし》の伯母（水野多江）に預けられる。

2010年／12才 蘭越中学に入学も、水泳部がないため岩内中学の水泳部に通う
（平成22年） 水野家の従兄弟たちにいじめられる。

２０１４年／16才
（平成26年）

水野家との関係好転せず。
家出。
岩内時代の先輩を頼って札幌・すすきののガールズバーへ。
年齢を偽って夜のつとめをし、かたわら水泳の想いが捨てきれず、
昼間はスウィミングクラブで鍛える。

２０１５年／17才
（平成27年）

スウィミングクラブのインストラクター・田辺修は初恋。
処女喪失。
半同棲の暮らしに入るが、この田辺がとんでもないワルで
すすきのの不良グループのメンバー。
この男に惚れ切って、貢がされる羽目になる。

２０２０年／22才
（令和２年）

水泳の腕あがり、クラブ選手権候補に。
レッスンに明け暮れ、夜はガールズバーで稼ぐ。

２０２２年／24才
（令和４年）

ガールズバーに新しく入った松本良子（25才）と親しくなる。
彼女がひそかに太腿に入れている子犬の刺青の愛らしさに惹《ひ》かれ、

2023年／25才
（令和5年）

刺青を入れることに憧れる。

田辺修から上部団体である白石一家の若頭に売られかけて
それを救ってくれたのが
小樽のバー「マロース」のバーテン加納修。
彼から紹介された画廊トリノのオーナー・碓井健司が
話をつけてくれ、
田辺と白石一家との関係を切ってくれる。
加納がつとめる小樽のバー「マロース」に移籍、あざみと名乗る。
碓井健司ことスイケンから、その肉体の美しさに目をつけられ、
刺青の人間カタログにならないかという話を持ちかけられる。
ヨーロッパに行けるという話に心動き、津山竜次に初めて逢う。

「海の沈黙」
シナリオ完全版

1　ある部屋（東京）

向かい合っている田村安奈《たむらあんな》（56）と老占師。

占師「御主人とは別々に住んでおられますね」

間

安奈。

安奈「――ハイ」

安奈。

安奈「20年程前から京都の方に、主人は仕事場を構えております」

間

占師「そちらにも女性がおられますな」

安奈。

安奈「――子供もおります。そっちの方《かた》に」

間

占師「ご主人はかなり地位のある方のようですね」
安奈「――」
占師「しかしお二人共だいぶ前から、お互い心が離れてしまっている」

間

安奈「ハイ。でも主人は離婚に応じてくれません」
占師「――」
安奈「世間的には妻のままでいてほしいと」

長い間

占師「(ふいに)あなたの心に、男の方がいますな」
安奈「エ？」
占師「やせた方だ」
安奈「(笑う)お言葉ですけど、――私、そんなにふしだらな女じゃありません」
占師「心の奥の方にその人は坐っている」
安奈「(笑う)まァ。誰方《どなた》でしょう」

間

占師「ずっと昔に、――封印した方のようだ」
安奈「――?」
長い間
占師「お手を……海鳴りが聞こえる」
安奈「――」
間
占師「夕陽がその海に落ちかけている」

2 海

その波頭を鮮烈な金色に染めて巨大な夕陽が今、落ちかけている。

3 同・砂浜

砂に大きく流木で書かれた文字。
重なり合ったLとA。

波がその流木を流していく。
音楽――テーマ曲、イン。

4 安奈の顔

突然、ハッと何かを思い出す。

タイトル
「海の沈黙」　以下、メインスタッフ、キャスト

5 田村家・土蔵

いくつものローソク。
木の幹を模したそのローソクに炎のゆらぎが、老人の顔を浮き上がらせている。
そこは田村家の土蔵を改装した田村夫人・安奈のローソク工房である。
今、安奈は一つの新作を完成したところ。
じっと見ている安奈と弟子の佑子。

安奈「どう？」
佑子「ステキです、とっても！」
安奈「ロウがね、この辺りまで溶けると、このおじいちゃん、涙を流すのよ」
佑子「本当ですか⁉」
伴子《ともこ》「失礼します。（入る）新幹線、間もなく東京駅に到着します」
安奈「（ハッと我に帰る）」
伴子「大《おお》先生、こちらに向かわれるそうです！」

佑子「こちらは私たちで片づけますから」
安奈「お願いね」
佑子「はい」

6 東京駅・新幹線ホーム

秘書・水野に先導され、グリーン車から下りる田村修三画伯。
出迎える画商の石山。

7 同・車寄せ

車の扉を開けて待っている内弟子の木内。
三人、やって来て車に乗りこむ。

8 田村邸・座敷

スーツに着替えている田村を手伝っている安奈。

田村「（スマホに）うん、やぁ、すぐに出られるよ。ああ、大臣は何時に到着だ？　ああ」

田村「（安奈に）ありがと」

9　上野・東京美術館　玄関――

文部大臣の車が到着する。SPたち。

迎える田村。安奈。小原館長と副館長と水野、大道《おおみち》。

小原「大臣、本日はご臨席ありがとうございます。館長の小原でございます」

桐谷大臣「よろしく！」

小原「では、ご紹介いたします。田村画伯でございます。そして令夫人」

10　会場――

小原「こちらが天野先生初期の作品で、フランス留学時に描かれたものです。こちらが先生が、帰国後お描きになられたものです」

展示された絵を大臣に説明しつつ歩く館長小原と田村たち。安奈も続く。

小原「こちらが大道先生のブロックです」

小原「このブロックが田村修三先生の作品です。そして、あちらの絵から田村先生の初期の名作、漁村シリーズといわれる先生の、いわば出世作です。各地の美術館や個人が所蔵されているものを、こちらにお借りして参ったものです。これらの作品は国内の数々の賞を受賞した作品ばかりでして、漁村シリーズがここまで揃《そろ》うのは今までになかったことです」

歩いていた田村の足が一瞬、一つの絵の前で止まる。

大臣「ほう……」

カメラマン「大臣、田村先生、一枚お願いします」

別のカメラマン「こちらもお願いしまーす」

小原「では大臣、こちらへ」

——田村の出世作「落日」。

田村。
そのまま一行と共に移動する。

11　パーティー会場

大臣「（スピーチ）――このたびの天野先生の生誕百周年を記念するこの催しは、先生の燦然《さんぜん》たる門下生、田村、大道の両巨匠をはじめとするキラ星の如《ごと》き、名作ばかりがズラリと並んだ、日本画壇の集大成で、いったい金にするといくらになるのか（笑い）。どうも、そっちへ考えが行っていけない。ともかく、文部科学省としましては、今回の展覧会を主催した、東京美術館、大日新聞、他テレビラジオ局をはじめとする関係者の皆様、出品をご承知いただいた皆様に感謝申し……」

12　閉館後の会場

誰もいない会場に石山が来る。

名簿を整理している水野。
水野、仕事を続けつつ立つ。

石山「急いで!!」

13 会場

はるかな会場にポツンと立っている田村の姿。
水野急いで近づいて、

水野「何か——御用が」

田村。
——その前に飾られている一枚の絵。

14 その絵「落日」(油彩・1988年)

両側に漁村の苫屋《とまや》が並ぶ石畳の坂道を、上から見た構図。坂道の向こうに夕暮れの海が光っている。

田村の声「この絵はどこが所蔵してるもンだ」

15 会場

水野「これですか？——確か貝沢市の、貝沢市立美術館だと思いますが」

田村「——」

間

石山「この絵は私が先生と関わらせてもらう以前の作品ですが、これが何か——」

間

田村「これは私の絵じゃない」

水野「——は？」

田村「——」

音楽——いきなり叩きつけて入る。

不安定なB.G.

16 美術館・通用門

＊B.G.—バックグラウンド（背景）

17 会場

館長・小原が小走りに入る。

小原「先生、お待たせいたしました」

「落日」の前に凝然と立っている田村、水野、石山。

小原、カタログと資料を持って走ってくる。

18 カタログと資料

開かれる。

そこに載っている「落日」の写真。

19 会場

一同、その資料と照合し、のぞきこむようにチェックする。

じっと絵を凝視している田村。

細かくチェックしている小原、水野、石山。
間
音楽——消えていく。
小原「仰云《おっしゃ》る意味が——どうも私には」
田村「——」
小原「資料に載っているこの絵と照合しましても、それにサインも他の絵とまったく同じです。——私にはちがいが判らないンですが」
田村「——」
田村。
一同。
田村。
田村「海だ、海の色だ」
小原「——海」
一同。
田村「1988年か、当時はいや、おそらく今でも——私にはこういう海の力は出せない」

一同「――」

間

田村「それに、この水平線に塗ったサップグリーン、この下にオレオリンを塗っている。私はオレオリンなんて使ったことがないんだ！」

一同「――」

間

田村「私の絵を、――そっくり――、見事なまでに模写したものだ」

一同「――」

間

田村「見事ではあるよ。サインもある。だが私の、作品じゃない」

一同「――」

間

田村「贋作《がんさく》だ」

一同「――」

音楽――鋭い衝撃音。

20 控室

安奈のC.U.

安奈「贋作!?」
水野「絶対、誰にもしゃべらないで下さい！　一切、内密に願います」
安奈「(声ひそめ) 誰が贋作って云い出したの！」
水野「それが、先生御本人なんです。これ、自分の描いたもンじゃないって」

SE——衝撃音。

21 深更の街・坂道

ハイヤーが猛スピードで上ってくる。

22 田村邸・応接室

無言でコーヒーを啜《すす》っている田村。

＊SE—サウンドエフェクト（音響効果）　＊C.U.—クローズアップ（大写し）

室内を支配している重い沈黙。
大日新聞事業局長丸山、文化部長大松、そして小原、水野、石山。
間
恐ろしい静寂。
丸山、急に封筒から一枚の新聞を取り出す。

丸山「これは明日の朝刊の早刷りです」
拡げてみせる。

丸山「うちが主催してのこの『日本美術百年展』の社告が、ごらんのようにここ一面に載っています。文化面には、一昨日わざわざ作品を観ていただいたこの滝川作次郎先生の文章が、これだけのスペースをさいて載っています。先生の漁村シリーズのことも書かれていますし、全てを絶賛して下さっています。更に（めくる）この社会面には、昨日のオープニングレセプションのことと、桐谷大臣の感動の言葉も載ってるンです」

田村「──」

丸山「ここで今、この展覧会の絵に贋作が混じっていたということになったら、滝川先生は勿論のこと大臣にも大恥をかかすことになります」

田村。

丸山、突然椅子から下りて床に手をつく。

丸山「先生の良心をふみにじることを承知の上でお願い致します！　どうか会期の終わるまでの間、今日あの贋作を見破られたことを、誰にもしゃべらないでいただきたいンです！　お願い致します！　伏してお願い致します！」

土下座する丸山。

大松も急に席を下り、それにならう。

小原。

水野。

石山。

間

田村。

——急に席を立つ。

扉を出かけて、丸山をふりむく。

何かを云いかけ、結局一言も発せずに去る。
土下座したまま、或《ある》いは坐ったまま凍りついている一同。

23 同・門前

新聞社のハイヤーと二台のタクシーが去って行く。
見送っている安奈と秘書の水野。
――中へ入る。
音楽――消える。

24 新宿駅・横断歩道

貝沢市副市長・大井誠と、貝沢市立美術館館長・村岡肇。
二人、無言で出口へと急ぐ。
音楽――衝撃音。

25 東京美術館・一室

二人の名刺がテーブルに置かれている。
（前シーンにかかる）

大井「（低く）そんなことは絶対あり得ません。何かの間違いだと思います」

大井の前に小原と大松。

大井「あの絵はうちの美術館がオープンした18年前に、この村岡館長と私が芸術院の花盛先生に紹介していただいて、当時、国主党の幹事長だった加賀先生にお願いし、是非にとお譲りいただいたものです。あれは貝沢市立美術館の、いわば目玉ともいえる作品です」

大井「中央の感覚は私共には判りませんが、貝沢市という田舎の町にとって3億という額は大変な額でした。でも、この村岡君が惚《ほ》れこんでいて、市議会で散々もめた挙句《あげく》に漸《ようや》く3億の予算を取りました」

大松「鑑定書は勿論確認したンですね」

大井「勿論です。これです。この鑑定書の発行は１９９４年のもので、当時、鑑定された芸術会議の委員は花盛市郎先生、国枝四郎先生以下、当時の錚々《そうそう》たる顔ぶれです」

大松「加賀幹事長はどういういきさつで、あの絵をお持ちだったか御存知でしょうか」

26 画商——

画商（前シーンにかかる）

「（大笑いして）そんな昔のこと、今頃云われたって、私に判るわけないじゃないですか。だいたい美術品取引ってものにはね、正直秘密がつきまとうこともあるし、時には社会の陰部にまで絡んだりするンですよ。そんなこと、あなた、いくら調べたって判りませんよ」

音楽——砕ける。

27 喫茶店——

静かなムード曲。

向かい合ってる大井と村岡。

大井「無駄だな、村岡くん。いくら調べたってこりゃ無駄だ」

村岡「――」

大井「要するに、田舎者の俺たちがとてつもないサギに遭ったたってだけの話さ」

村岡「――」

大井「描いた御本人がそう云ってるンじゃ、何を云おうと俺らの敗けだしさ」

村岡「――」

大井「要するに俺らがバカだったたって話さ」

村岡「――」

大井「市ではこれから大騒ぎになるだろうし、議会では吊るし上げの矢面に立たされるンだろうけど――」

村岡「――」

間

大井「俺はもうあきらめた。――覚悟したよ」

村岡。

――うつむいたまま、折れた煙草を咥《くわ》える。

28 展覧会場

賑《にぎ》わっている。

29 「落日」

その前にも人が群れている。
少し離れて見ている安奈。

声「すみません。アノ」
安奈「は?」
立っている村岡。

村岡「田村先生の奥様でいらっしゃいますね」
安奈「ハア」
村岡「昔、亡くなられたお父様、天野先生のお宅で一度お目にかかったことがあります。今、貝沢市立美術館の館長をしております村岡肇と申します」

名刺を出す。

村岡「失礼ですが、奥様は——この絵をどのようにごらんになりますか」

安奈「——（周囲を気にして）奥へ参りましょう」

30 控室——

安奈。

安奈「あなたは何を仰りたいンですか」

村岡「ハイ。つまり」

安奈「つまり、あなたもうちの主人に無用な発言は控えてほしいと、そういうことを仰るンですか」

村岡「ちがいます！　そうじゃありません。只《ただ》、私は以前から先生のファンで、あの〝落日〟のすばらしさには見る度に胸を揺さぶられる想いを」

安奈「ちがわないじゃないですか！　すばらしかろうとそうでなか

ろうと、主人はあの絵は自分の描いたものじゃないと云ってるンですよ。作家の良心として、そう云ってるンですよ。あなたはその良心を曲げろと、そう仰るンですか」

村岡「ちがうンです！　私は！——口下手でうまく申せないンですが」

ノックの音がしていきなり戸が開く。

木内「（首出し）奥さん、一寸」

31 廊下

安奈、出る。

木内「贋作であることを他のマスコミが知りました！　先生が御自身で公表されたようです」

32 京都

記者会見が行われている。

田村の前に数人の記者。

記者A「あの、本当に先生の描かれたものじゃないンですか」

田村「ちがいます」

記者A「いつそのことに気づかれました」

田村「オープニング・セレモニーの会場でです」

33 記者会見場

そのインタビューが放映されている。

記者A「はあ、それを展覧会開催の期間に発表に踏み切られた御心境は」

田村「まあ、あの作品を見るのはしばらくぶりだったんで、まあ最初はオヤッという感じだったんですが、気づいてしまって！　気づいたからには画家たるものの良心として、自分の作品でないものを自分のものだと云うわけにはいかンでしょう」

記者B「しかし、大日の文化面で滝川作次郎先生が、あの絵を絶賛されていますね」

田村「私の漁村シリーズ全般について述べられたンだと思いますが、

——あの作品も含まれてのことなら、——本物より良かったンでしょう」
記者たち笑う。
音楽——イン。B.G.

34 記事A

「日本美術展に贋作紛れこむ」

35 記事B

「田村画伯、自らが発見」

36 ネットニュース画面

「田村修三画伯、まさかの告発！　主催者一時は隠蔽を画策」

37テレビ画面

田村「ちがいます」

記者「いつ、そのことに気づかれました？」

「告白に踏み切った画伯の勇気」

38展覧会場～記事

警備員「すいません、下がって下さい」「下がって下さい」

ガヤ

「贋作騒動が反《かえ》って人気を呼び、日本美術百年展、連日大盛況！」

39テレビ画面

小原「ゆっくりで」

「再び復活」（再び持ちこまれる絵）

40「落日」

その下に「模倣作・作者不明」の札。
音楽——転調して。

41原野

Ⓣ——「諏訪湖、7月6日　朝」
釣り道具を抱えた二人の男の子が歩いてくる。

42湖畔

少年「死んでる!!」
別の少年「警察!!」
歩いてきた子供たち、足を止める。
波にゆられて浮かんでいる遺体。

＊Ⓣ―テロップ

その目前の波打ち際にカバンと揃えられた一足の靴。
凍りついてしまった子供たち。
音楽——キーンとつきさして入る。

43 テレビ——

ＡＮ「今朝6時過ぎ。諏訪湖南岸のおおなみ地区で、自殺と見られる男性の遺体が発見されました。所持品から、男性は、貝沢市立美術館館長・村岡肇さん（54才）と判明。村岡さんは」

44 田村家・居間——

ぎくりとふりむいてテレビを見る安奈。

ＡＮ「（つづく）先ごろ話題になった田村修三氏の絵画〝落日〟の贋作問題にからみ、贋作をつかまされた責任を市当局に激しく糾弾され、その責任をとったものと思われます。警察は村岡さんが自殺をはかったとみて詳しく調べています」

安奈、ゆっくり口を両手で覆う。
音楽――異常に盛り上がって砕ける。

45 寺・通夜(貝沢市)

お経の声。
村岡の通夜が行われている。
人目に立たぬように、そっと参列、焼香する安奈。

46 同・表

受付で大井が真っ赤に泣きはらした目で、参列者に回葬御礼の品を配っている。
受けとる安奈。

47 同・境内

帰ってくる安奈。

声「失礼ですが」

安奈「（ふりむく）」

清家「田村さんの、奥様じゃありませんか」

安奈「——はい」

清家「以前、何度かお目にかかっています。田村さんの芸大の同窓で中央美術館長の清家と申します」

安奈「（思い出す）ああ清家先生。失礼致しました」

清家「これから東京にお帰りですか」

安奈「はい、8時過ぎの電車で……」

清家「はぁ、そうですか。よかったら、僕の車でいかがですか」

帰って来た弔問客の一人がフッと足を止め、煙草を取り出す。

48 木陰

煙草に火をつけ、チラと清家たちの方を見る男。

碓井健司《うすいけんじ》（スイケン）。サングラスをかけている。

――そのまま脇へ歩み、待たせてあったらしいベンツのSクラスセダン・ロングへ。
ボディガードらしい大男がさっと車の扉を開けて碓井を座席へ。
扉を閉めて、自分は助手席にすばやく乗りこむ。

49 車の中

安奈と清家。

清家「何とも後味の悪い事件でしたね。今度の贋作騒動は」

間

清家「実はこの前の〝落日〟。今、僕ンとこにあるンです」

安奈「おたくに?」

清家「いや、中央美術館の方に、という意味です。一寸田村さんから調べてほしいって云われまして、貝沢に頼んで借りてるンです」

安奈「調べるって何をですか」

清家「いや、実はパリの鑑定家と共同で調べてることがありましてね」

安奈「?」

清家「まァ、世に云う贋作ってものはピンからキリまで無数にあってですね、中にはそのまま今でも本物として通用して、堂々と美術館に飾られているものまであるだろうと云われてます」

安奈「——」

清家「で、その中で1990年以降に発見された非常に優れた三点の贋作がありましてね。どうもこの三つが同じ人物の手による贋作ではないかと思われるンです」

安奈「同じ贋作者なンですか」

清家「どうもそういう気配があるンです」

安奈「——」

清家「とにかく、その贋作家は一種の天才です。今、疑問符が付けられているゴッホ、ドガ、ダ・ヴィンチ、いずれのものも何とも云えない、それ自体の魅力を放ってましてね。それもその原作者の線上のです。だから鑑定家も幻惑されてしまった」

安奈「――」
清家「ごらんになりましたか。村岡さんの遺書」
安奈「遺書？」
清家「渡されたでしょう、さっき受付で。回葬御礼の封筒を。あの中に御遺族の意志で入れられた村岡さんの遺書が入っているンです。面白いといっては失礼だが、これがなかなかの遺書でしてね」

50 バー（京都）

ドッと大声で笑う田村を中心とした男とホステスたち。
その時、田村のケイタイが鳴る。

ママ「先生、電話、デンワ」
田村「（とって）はいはい」
声「賑やかですな、酒盛りですか」
田村「――どなた？」
声「村岡さんを御存知ですね」

田村「村岡？」

声「一昨日、諏訪湖で自殺した、貝沢美術館の村岡さんです。さっきお骨になったところです。彼の遺《のこ》した遺書をお聞かせします」

田村「どなたかな。この電話をどこで知った！」

声「遺書。この度は私の未熟から貝沢市当局、田村修三先生、又その他の各方面に多大な御迷惑をおかけしたことを心から恥じ、深くお詫《わ》び申し上げます。しかしながら一言云わせて下さい。(途中から村岡の声に変わる)私はあの絵に、心底惚れこんでおりました。それはあの絵が贋作であると、指摘された今も変わるものではありません」

田村、そっと立ちケイタイを耳に当てたまま表に出る。

音楽——低く忍びこむ。B.G.

声「あの絵の美しさ、こめられた心、力。エネルギー。全てに対してです。それが贋作であろうとなかろうと、あの〝落日〟の圧倒的な美に、今も私は惚れこんでおります」

51 バー・表・路地

電話を聞きつつ表に出る田村。
そこに止まっている一台のベンツ。
田村、聞きつつ無意識にその車の前を過ぎる。

声「（続いて）それは間違いなく私にとって3億以上の価値のあるものでありました。どなたか、私に教えていただきたい。作者がちがうと判明した途端、その絵の評価が変わるというのなら、〝美〟とはいったい何なのでしょうか。それはあの絵と、それを描いた作者への重大な冒瀆《ぼうとく》なのではないでしょうか」

田村。

声「聞いておいでですかな」

間

田村「――あなたは誰なんだ」

声「（一寸笑う）美術愛好家ですよ」

間

田村「私に何が云いたいのかね」

声「別に。只、昔と変わったかを知りたかったンでね」

間

田村「昔とは――どういう意味だね？」

声「もう、お忘れになってしまわれましたかな。あなたが、自分が世に出るために、一種のしっ、と、から抹殺してしまった一人の優れた画家のことですよ。あなたの間接的な殺人は村岡さんで二人目になる」

田村「――」

間

田村「あんたはいったいどなたなんだ、名を名乗り給《たま》え」

52 路地

Ⓣ――「北海道小樽」

「風花《かざはな》」と書かれた赤提灯。

のれんは入れられ、店は閉まっている。

53 同・内

カウンターに並んでいる男女。

この店の主人・牡丹《ぼたん》(42)と加納。

二人の間に積まれた札束。

間

牡丹「これは要りませんよ。もう充分にいただきましたし、良い目も散々見せてもらいましたから」

札束をそっと押し戻す。

間

牡丹「(一寸笑う)そうですか。12年でもう、賞味期限が切れちゃいましたか」
かすかに流れている演歌。

加納「──」
間

牡丹「(一寸笑う)私の代わりは、あのマロースに来た可愛い娘《こ》?」

加納「──」

牡丹「スイケンさんが又どこかで、スカウトして来たのね」
加納「ちがいますよ」
牡丹「――」
加納「あの子はあざみっていう岩内《いわない》の女の子で、自分から刺青に憧れて、彫ってほしいって頼んできたンです」
牡丹「――先生は最近どうしてらっしゃるのかしら……」

54　マロース――

チカトの弾くバラライカが店内に流れている。
少し酔っている牡丹がフラフラ入って来る。
バーテン「いらっしゃい」
ニコッと笑ってカウンターに坐る。
その前に立っているあざみ。
牡丹「ニコラシカ」
あざみ「ハイ」
あざみ、ショットグラスにブランデーを注ぐ。

ニコニコ見ている牡丹。
バラライカの奏でるロシア民謡。

牡丹「あざみちゃん？」
あざみ「？――ハイ」
牡丹「竜さんには、もう逢った？」
あざみ「竜さん？」
間
牡丹「竜さんに入れてもらうンでしょ？　刺青」
あざみ「（手が止まる）」
牡丹――さり気なく自分の着物の袖を少しまくって見せる。
その手にびっしりと彫られた刺青。
あざみのC.U.
バラライカ。
あざみ、レモンをスライスする。
ショットグラスの上にのせ、角砂糖を一ケ置く。
さし出す。

牡丹「ありがと」

レモンで角砂糖をくるみ、一挙に口に入れ、グラスのブランデーをグイと飲む。

間

牡丹「痛いわよ」

あざみ「――」

間

牡丹「でも、気持ち良い」

あざみ「――」

間

牡丹「抱いてもらいなさい」

あざみ「ハ?」

牡丹「竜さんに」

あざみ「――」

牡丹「あんなにやさしく女を抱いてくれる人、そうはいないから――最高よ」

あざみ「――」

牡丹「体を全部まかせて、彫ってもらうの」

あざみ「――」
バラライカ。
牡丹「何、云ってるンだろ私。(笑う)どうかしてるネ」
あざみ「――」
牡丹「もう一杯」

55 明方の海辺に――
パトカーのサイレンがけたたましく鳴りひびく。

56 高島漁港――
引き揚げられた水死体。
警官と漁師たち。
一同の作業する手が止まる。

57 パトカー――

警官「（無線に）仏は色内の小料理屋〝風花〟の女主人。通称・牡丹。目撃者の話から入水自殺と思われます。それがですネ、課長!! 仏の全身、かくれたところに体中刺青が彫られてるンです！ それも脈絡なく色んな花やら鯉やら唐獅子やら、富士山やら全て浮世絵の画題なンですが、つまり、云ってみりゃ全身刺青の人間カタログなンです！」

SE――衝撃音。

58 マロース

古い倉庫を改装したバー。
隅でチカトがバラライカを弾いている。
テーブル席で漁師の源三と万次を囲んでいる三人の新聞記者。

記者1「牡丹さんはこの店によく見えてた？」
源三「あゝ、よく来てたよ。だけど全身にそんな刺青があったなンて、なァ」

万次「聞いたこともなかった！　うン」

記者2「それがヨーロッパの裏社会じゃ、ちょっとした有名人だったって云うんですよ」

テーブル席からカウンターにゆっくりパンするカメラ。

そのカウンターに一人の記者。（美術タイムスの伊吹）さっきからカウンターの後ろの壁にかかった一枚の絵に目を奪われている。

源三「有名人？」

記者2「ええ、ピヴォワンヌって名前でね」

万次「ん？　ピー？」

記者2「ボタンっていう意味のフランス語ですよ。あっちの金持ちの粋人で日本の刺青を彫りたいっていうのがいるとするでしょう？　そうすると高い金だして、そういうエージェントに頼むんだそうですよ。で、話がまとまると、日本人の彫師が小股の切れ上がった和服姿の美女を連れて現れる。その美女がハラリと和服を脱ぐ、そうすると体中全身に色んな刺青が彫られてる。刺青の人間カタログってわけで、皆もうドキンと息を飲む。特に背中に鮮やかなボタンの彫物があって……その日本人彫師のことを何か知りませんか?」

源三・万次「うーん、知らないな……」

カウンター越しにバーテン加納に向かって。

伊吹「あの絵は、ドガですか」

加納「さァ」

伊吹。

伊吹「見たことないドガだな」

加納「――」

間

伊吹「写真撮らしてもらっていい?」

加納「どうぞ」

伊吹、カメラを出し、その絵に向かってシャッターを切る。のり出して何度も。

カウンターの隅からさりげなく見ている一人の男。

スイケン。

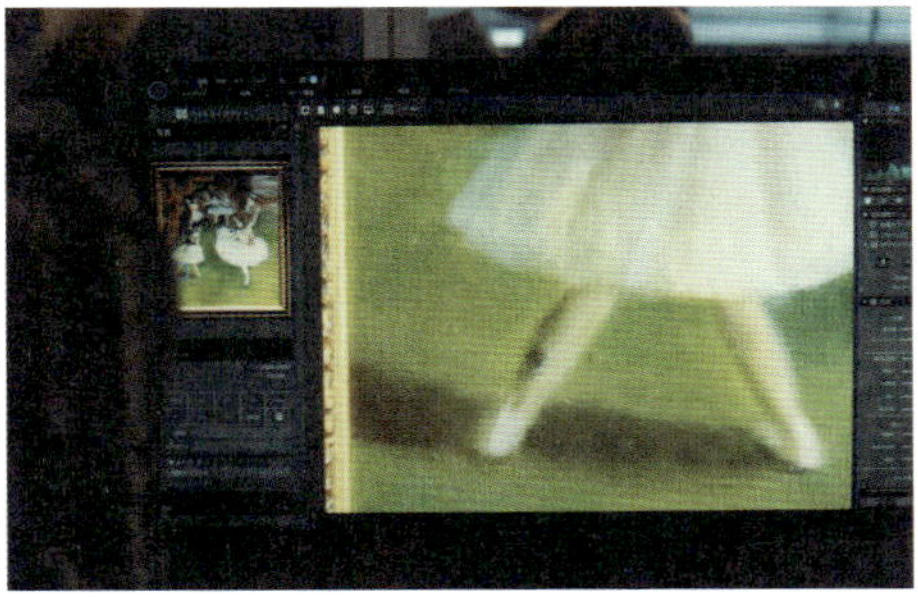

59　現像されたその写真（数葉）

60　東京美術研究室

その写真を点検している伊吹と研究員・福原涼子。
そして隣の机に清家。

伊吹「ドガでしょう？　どう見ても」
福原「ドガですね」
伊吹「でも、僕はこのドガ見たことないンです。それにですね。（虫メガネをとって）よく見て下さい。一番左の女の子のふくらはぎ」

61　写真

ふくらはぎにズームするカメラ。

伊吹の声「ふくらはぎに、鯉の刺青があります」
福原「ホントだ！」
伊吹「当時、ヨーロッパでジャポニズムが流行り始めた頃だったからか。それにドガじゃない別のサインがあります。ここ大きくして、ホラＬＹＵ」

福原「リュウ？」

清家、ギクッと顔を上げる。

写真をとって虫メガネで見る。

明らかに描かれているＬＹＵのサイン。

清家。

音楽——

清家「福原君」

福原「ハイ」

清家「１９８６年の同窓会名簿に、津《つ》山《やま》竜《りゅう》次《じ》っていう名前があるはずだ。なかったら、その一、二年前の入学者名簿を調べて——その人の今の居場所を。——多分判らないだろうと思うが」

伊吹「誰です、その津山——竜次ですか」

間

清家「（ポツリ）40年前の、亡霊が現れたか」

62 バー――

音楽――衝撃で砕ける。

カウンターに坐っている清家と伊吹。

清家「春風会だったと思うよ。その頃、天野先生の門下生に田村修三と並んでもう一人、鬼才といわれる学生がいたンだ。こいつは一寸群を抜いてた。こいつが春風会に50号の絵を出したんだ。海難事故の漁師たちが浜で燃やす迎え火を描いた凄絶な絵だったが、文句なく一度は金賞をとったンだ。ところが、この絵が問題を起こした。金がなくてキャンバスが買えなかったンだろう。こともあろうにロビーにかかっていた天野先生の作品を無断で持ち出して、その先生の絵を塗りつぶして、その上に自分の絵を描いてたンだ。これがバレて大騒ぎになった。〝海の沈黙〟っていう圧倒的な作品だったよ」

伊吹「天野先生はどうされたんですか？」

清家「自分に今、激しい創作意欲がわいて、そこにキャンバスがなく、たとえばダ・ヴィンチの名画がそばにあったら、自分も同じことをしたかもしれないって。だけど、まわりが許さなかった。田村さんをはじめとするまわりの学生、それに教職会が津山竜次を吊るし上げ、津山はそのまま退学になったのさ」

間

清家「実を云うとね」

伊吹「──」

清家「その頃、まだ女学生だった安奈さんは、津山の恋人だったンだ。塗りつぶした絵は安奈さんの肖像画だった。でも、そのこともこの事件でこわれた。イヤ──」

伊吹「──」

清家「もう一つ事件が実はあったンだ」

伊吹「──」

清家「津山の親爺は彫師だったらしい。刺青の彫師だよ。本業は青森の漁師だったらしいがね。だから彼は刺青の技術を持っていた。こともあろうに、安奈さんの体に観音菩薩を彫ろうとしたンだ。安奈さんは仰天して逃げ帰った。天野先生もこれには怒ったよ。それで——画壇から放り出されたンだ」

間

マスター「いらっしゃいませ」

客「三人なんですけど……」

マスター「カウンターでよろしいですか？」

客「はい」

清家「マスター、借りるね」

マスター「はい」

清家「その後、噂をプッツリ断ったな」

間

清家「誰かがイタリアのトリノ美術館で、夢中になって名画の模写をしている津山の姿を見たっていう噂が、一時、同窓会で流れたけどね。——それきりさ」

伊吹「——」

清家「ひょっとしたらあいつは——」

63 田村家・土蔵

安奈のC.U.
その前にあるドガ風の例の写真。
安奈「(かすれて) 知っています、この絵。昔、竜次さんが描いたものです」
清家「――」
間
安奈「竜次さん今、どこにいるンですか」
音楽――衝撃音。
砕けて、重厚な「竜次のテーマ」B.G.

64 道――

浜辺の道を走る車。

65 海が眼下になっていく――

66 車

一台の車が本道からはなれた林の中へ入る。

67 道

めったに人の入らない道らしい。
その中へ分け入る車。

68 廃校・前

車から出たスイケン、鍵のかかった柵を開け、中へ。
柵を閉めて、再び車を発進する。

69 廃校(木造)玄関

海を見下ろす崖の上に立っている。

その正面に車が止まる。
老犬ゴヤが尻尾をふって迎える。
車のシートから持って来た食材の袋を出し、車から降りたあざみをうながして廃校の中へ。

70 校内

廊下にかすかな灯がついている。
コツコツとその廊下を歩くスイケンとあざみ。
一室の前でノックする。

スイケン「私です。只今帰りました」

71 アトリエ

ほぼ完成した巨大な海の絵１００号の前に、じっと立っている一人の男。津山竜次。
スイケン、あざみをチラと見て。

スイケン「例の女の子です。あざみと云います。（絵を見て）ホウ、出来ましたか」

竜次、バケツにあった真っ黒いイカスミを、完成した絵にバシッとかける。

ドキンと凍《い》てつくあざみ。

スイケン「（一寸笑って）ボツですか。勿体ない」

竜次「――（初めてあざみを見る）」

あざみ「きれい……その黒い模様」

あざみ。

スイケン「とにかく見て下さい。中々のキャンバスだと思います」

と、カーテンで仕切られた空間にタタミが敷いてある。刺青の道具もある。

スイケン、マットレスをひきずってきて敷く。

スイケン「こっちへ。（あざみに）下着だけになって、うつ伏せに寝なさい。胸も外して、下だけつけてて良い」

あざみ。

気押されたように一寸うなずき、服をバッと脱ぎ、うつ伏せに寝る。
足・尻・背中と、見事な裸体。
じっと見る竜次。

スイケン「夕食の用意して来ます」
部屋から出る。
あざみの裸体。
じっと見ている竜次。

間

竜次「寒くないか」
あざみ「大丈夫です」
竜次、大きな紙を出し、そこに彫物用の墨と筆で急にデッサンを始める。
大胆で速い手の動き。

竜次「(描きつつ)いくつ?」
あざみ「25」
竜次「(描く)一寸触るよ」
あざみ「——どうぞ」

竜次、筆のように繊細に背中の肌をスッと撫でる。
あざみ、ピクンと反応する。
竜次、又デッサン。作業を進めつつ。
竜次「自分から彫ろうと思ったのかい」
あざみ「ハイ」
間
竜次「我慢できるか。かなり、きついよ」
あざみ「――大丈夫……のつもり」
竜次「――」

72 同・食堂(元・理科教室　食堂・兼居間)

前かけをかけたスイケンが鮮やかな手つきで魚を捌《さば》き、カルパッチョを作っている。
この男の前身がベテランのコックであったことを示す、手馴れたその動作。
寸胴にスパゲッティをスッと流しこむ。

スマホが鳴る。
開いてチラと見るスイケン。
間
スマホを閉じて、ノートに何か書いて仕事に戻る。
竜次、入る。

スイケン「お疲れさま」

竜次「（咳《せき》をこらえる）ウォッカをくれ」

スイケン「ハイ。（ウォッカを出しつつ）インターポールの動きが、今頃、漸くあわただしくなってるようです。しばらく街へは出ないで下さい」

（イメージ入る）

インターポール刑事「（フランス語で）津山竜次さん、この店に来ますか？」「（訳す）津山竜次さん、この店に来ますか？」

竜次「ゴッホか」

スイケン「モネです。30年前の、例のアレです」

竜次「(薬を出して、ウォッカで飲む)」
スイケン「どうでした、あの娘は」
竜次「いいな」
スイケン「いいでしょう?」
竜次「――」
スイケン「気に入るだろうと思ってました」

73 海(翌日)

穏やかな青い海。

74 第2昭栄丸

波にゆられている。
その艫《トモ》から牡丹の遺骨を散骨する竜次、スイケン、万次、源三。
そしてあざみ。
音楽――静かにイン。

置かれている牡丹の遺影と花束。
散骨を終えると一寸目礼し、遺影と花束を海に放る。

75 埠頭

舟から下りる一同。
スイケン、竜次に、
スイケン「この後、どちらに」
竜次「一寸ヤボ用」
スイケン「あんまり人目のあるところへは」

76 半沢医院

77 同・診察室

小さな医院の院長・半沢三郎（ドク）の部屋。
ＭＲＩの写真を見ている竜次。

ドク「大学病院からさっき届いたンだ。肺の――ここがもう完全にアウトだ。ステージ4を越えるって教授は云ってる。もう救い様がないそうだ」

竜次、ニヤリと笑ってうなずく。

間

竜次「どれくらい――ですか」

間

ドク「――よくて二月、いや、もって半年」

竜次「（うなずく）例の薬は」

ドク「（瓶ごと渡す）一度に4錠までにして下さい」

竜次「（うなずき、一寸頭下げて受けとる。ニッコリ）どうしても仕上げたい仕事があるンでね」

音楽――鈍い衝撃。

78 マロース

スイケン入って、カウンターに坐る。

その前にさり気なくボトルを持って立つ加納。

加納「あちらの御夫人が先生を待ってずっと」

スイケン「(さり気なくそっちを見る)」

隅の席にいる安奈。

スイケン。

間

スマホを出してボタンを押し、小声で誰かとしゃべる。

スイケン「イヤあ、私です。はい……はい」

間

スイケン「(小さく) 判りました」

一息深く吸い、安奈の前に立つ。

スイケン「田村画伯の奥様ですね」

安奈(見る)

安奈「――ハイ」

スイケン「津山先生がお逢いになるそうです」

安奈「――」(光る目で見る)

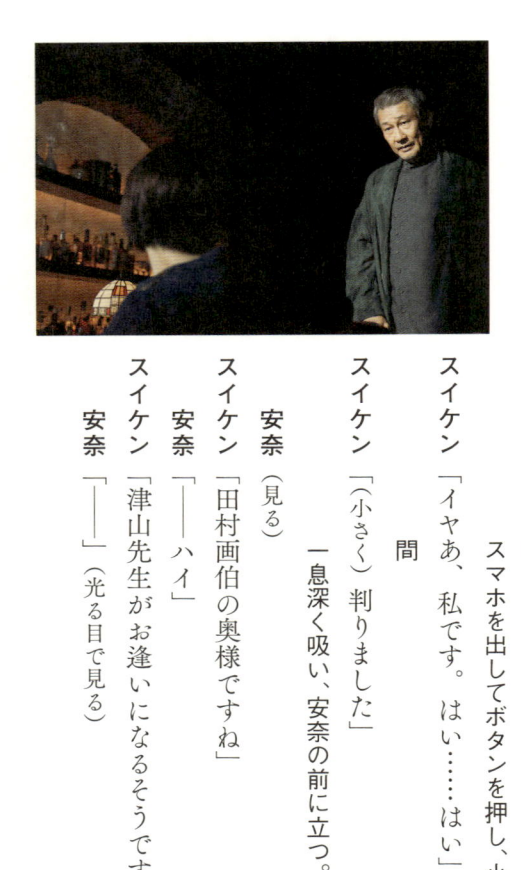

79 道（二ヶ所ほど）

小樽運河を歩く二人。
スタスタ歩くスイケン。
商店街を歩く二人。
ついて行く安奈。
その、いくつかのショットのつみ重ね。

スイケン「先生はこの先でお待ちです」

80 倉庫が見える埠頭

二人がやって来る。
竜次のいる場所に安奈を案内するスイケン。
スイケン去る。
立ちすくんでいる安奈。
ニッコリ笑っている竜次。

竜次「やァ」

安奈「――」

竜次「（にっこり）見つかっちゃいましたね」

安奈「――（かすれて）何年ぶりかしら」

竜次「（笑う）忘れました」

　　間

安奈「ずい分、おやせになったのね」

竜次「トシですよ」

　　間

安奈「絵は描いてないの？」

竜次「――ごくごく、たまにです。――いたずら描きを」

安奈「見たいわ」

竜次「いやです！（笑う）」

　　間

安奈「何を描いているの？」

　　間

竜次「海ですよ。相変わらず海しか描きません」

　　間

安奈「どうして世の中に出そうとしないの？」
竜次「――」
安奈「勿体ないわ。みんな、あなたの絵を待っているのに」
間
竜次「一度、個展を開きましたよ」
安奈「どこで!?」
竜次「この先の磯でです。日本海に見てもらいたいと思いましてね」
間
安奈「評判はどうだった？」
竜次「全部風にぶっとばされました（笑う）」
安奈「――」
間
安奈「一つ聞いてもいい？」
竜次「いやです（笑う）」
間
安奈「〝海の沈黙〟は、まだ持ってらっしゃるの？」
竜次「――」

安奈「持ってらっしゃるのね」

間

竜次「あの絵は海に返しました」

安奈「（見る）」

竜次「もうこの世に存在していません」

安奈「――」

間

安奈「ねぇ」

竜次「――」

間

安奈「〝落日〟の贋作。――あれ、あなたでしょう？」

間

竜次「人聞きの悪いこと、云わんで下さい」

安奈「――」

竜次「贋作なンて僕は描きませんよ」

安奈「――」

間

竜次「あれは贋作じゃありません」
安奈「——」
竜次「少し加筆して、良くしてやったンです」
安奈。
竜次「もう30年以上、昔の話です」
安奈。
竜次「あの頃僕は——ゴッホもドガもダ・ヴィンチも、不遜にも越えた気でいましたから」
安奈。
間
竜次「恐ろしいですな。若いってことは」
間
安奈「主人に逢って！」
竜次「逢ってどうするんです」
安奈「謝らせたいの」
竜次「謝らせるようなことがあったンですか」
間

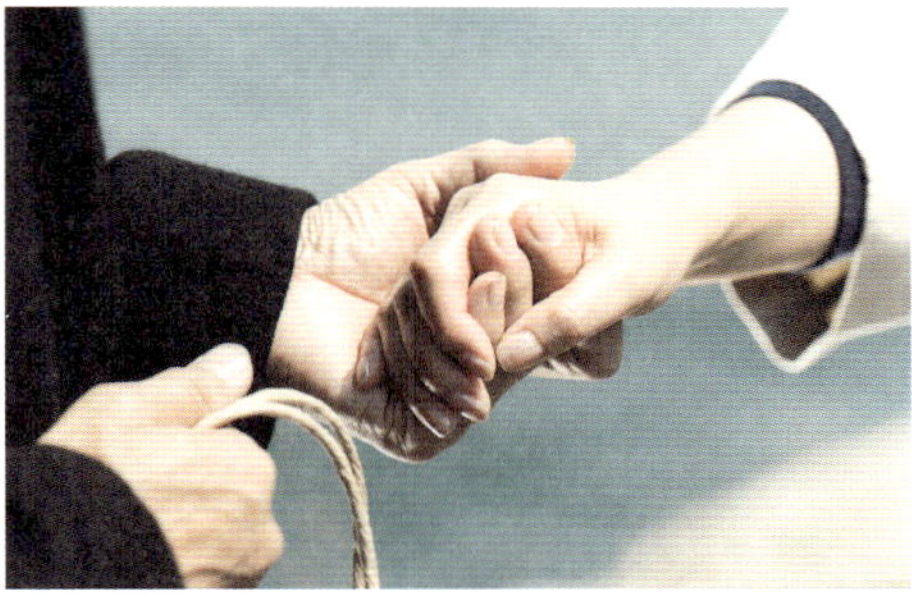

竜次、咳《せ》きこむのを辛うじて抑える。
安奈「どっかお悪いの?」
竜次「お悪くなンかありません。今日、知り合いの散骨がありまして、海に出てたンで風邪を引いたンです」
安奈「――」
竜次「もう戻らなくちゃいけません」
安奈「――」
竜次「久しぶりに逢えて、うれしかったです」
安奈「――(何か云いかけて止める)これ、(包みを渡す)最近、こんなものを作ってますの。お暇なときに火をつけてみて」
竜次。
竜次「ありがとう」
包みを持って去る。
音楽――静かな旋律で入る。

81
磯

荒波がぶつかっている。
その岩かげに焚《た》き火を焚いて、
じっとその炎を見つめている竜次。
更に流木を積み、火を大きくする。
と。何を思ったか、服のままザブザブ海の中へ入って行く。
しばらく沖へ歩き体をかがめて首から上へ出し、浜の焚き火を
じっと見る。
その竜次の首に、どこからか忍びこむ御詠歌。

82 記憶（雪花が舞う浜辺）冬

真暗な夜の浜で、漁師の男女が流木を燃やしている。
バチバチと闇にはぜるその火花。
Ⓣ――「1970．青森県下北」
漁師の女に抱えられ、呆然《ぼうぜん》と海を見ている幼い日の竜次（5才）。
女「大丈夫だよ、竜次！　父ちゃんも母ちゃんも強い人間だ！
きっと、今、こっちさ泳いでいらァ!!　この迎え火が見えてる

はずだよッ」
真黒い波濤《はとう》と凄《すさ》まじい海鳴り。

83 海

その迎え火の炎の先を、沖から首だけ出して凝視している竜次。
狂気のその目。

84　アトリエ

半裸の竜次。今、見た沖からの海と迎え火の姿を、狂ったように
キャンバスになぐり描く。
激しい咳と悪寒が竜次を襲う。
その咳に耐えながら夢中で描く竜次。
突然、咳きこみ喀血《かっけつ》する竜次。
短い間。
竜次はフッーと失神した。

85　部屋（アトリエ）

薄暗くなっている。
意識をゆっくり取り戻す竜次。

あざみの声「大丈夫ですか」
竜次「――（うなずき、かすかに笑い、立とうとする）」
あざみ「寝てて下さい。寝てた方がいいと思う」

竜次「――」

　気づくと枕元に、安奈のくれたローソクが灯っている。
　竜次、その灯に気づく。

あざみ「すてきなローソク。勝手に火をつけちゃった」
竜次「――」
あざみ「誰がこのローソク作ったの？」
竜次「――」
あざみ「この顔、――先生のお顔みたい」

　竜次。

あざみ「アゴのここんところに、ホクロがある」

　竜次。
　ローソク。
　竜次、ガクガクと悪寒にふるえ出す。

あざみ「寒いんですか」
竜次「――（ふるえている）」

　間

あざみ「（小さく）私の体であたためてあげる！」

一切の服を脱ぎ、竜次の布団にすべりこみ、抱きつく。
竜次。
やさしくあざみを抱く。

竜次「あったかい。アリガトウ」

あざみ「私、体温が高いらしいの」

竜次「――」

音楽――静かな旋律で入る。B.G.

竜次「（低く）おふくろの肌を想い出すよ」

あざみ「――」

間

竜次「おふくろの肌は――真っ白で――なめらかで――こんなふうにいつもあったかかった」

あざみ「――」

間

竜次「君の御両親はどこにいるの」

間

あざみ「両親は交通事故で死んだ」

竜次「――」

間

竜次「うちのおふくろの内股には富三命って彫物があったよ。――おやじの名前だ。おやじが自分で彫ったンだ。――おやじは漁師で――刺青師だった」

あざみ「――」

間

竜次「あの日、二人で――下北の沖で――マグロを――マグロを――」

間

あざみ「大丈夫?」

竜次「――ウ」

あざみ、竜次の異変に気づき、身を起こす。

その時、竜次、急に身をよじり、半分立ち上がると仁王立ちになり、描きさしのキャンバスに信じられない量の真っ赤な血をビューーッと吹く。

黒い波濤の絵にその赤が散る!

あざみ「先生!!」

86 ベンツの中のスイケン

スマホに向かって小さく叫ぶ。

スイケン「救急車は呼ぶな！　俺がすぐ行く!!　半沢先生にすぐ電話しろ」

音楽——激しい衝撃で叩きつける。

B.G.

87 廃校

スイケンの車がとびこんで来る。

88 同・廊下

スイケンとあざみが、竜次を布団ごとかつぎ出す。

89　半沢医院

ドク「胃洗浄の準備して、採血しながらルートをとるよ」

看護師「はい、わかりました」

源三と万次が車を止め、とびこむ。

90　同・表

ドク「大丈夫だぞ、病院に着いたぞ、このまま採血して点滴するぞ。安心しろ」

チカトと加納がかけつける。

スイケンの車が到着し、ストレッチャーを押してドクと婦長がとび出す。

車から運び出される毛布にくるまれた竜次の体。

スイケンとあざみ。

あざみは胸にしっかりとあのローソクを抱えている。

91 千歳空港

東京からの便が到着する。

92 同・ロビー

田村修三と清家が下りてくる。
迎えに待っている何人かの紳士たち。

93 車寄せ

待機していたハイヤーに乗りこむ二人。

94 バイパス

車が走る。

95札幌・ホテル・スイートルーム・窓

眼下に札幌の街が拡がる。

96ホテル・スイートルーム

田村「けど、よく気がついたね」
清家「伊吹が偶然、あのドガを見つけましてね」

間

田村「あいつ、贋作で喰《く》ってるのか」
清家「今は知りません。少なくとも、しばらく前まではそうだと思います。インターポールに追いつめられているようで」

間

田村「バカな奴だ」
清家「――」

間

田村「安奈はこのことに気づいているのかな」
清家「――」
　ノックの音。
　二人立ち上がる。
　清家、扉を開く。
　立っているスイケン。
清家「？……あなたは」
スイケン「津山先生は来られなくなりました」
　間
清家「来られなくなったって」
スイケン「日本に今、おりません」
田村「日本にいない？」
清家「――あなたは」
スイケン「番頭です。先生の。30年以上、ずっとおそばにおります」
　間
清家「ま、どうぞ入って下さい」
スイケン「（坐る）」

清家「日本にいないって、今どこに」

スイケン「申し上げられません」

間

田村「私たちはね、彼と学生時代からの友人です。ああ、しばらく疎遠になっていたが、みんな心配してた。彼とは昔」

スイケン「田村君」

田村「ハ?」

スイケン「わしは津山先生に、30年以上おつかえしています。だが、あんた方の話は、聞いたこともない」

田村「――」

スイケン「今、あんたは友人と云ったが、そういう言葉を使ってもらっちゃ困る」

田村。

間

スイケン「あんたの〝落日〟が贋作であることを。あなた、見抜いたと得意になっとるようだが、あれは元々贋作じゃありません」

田村「――」

スイケン「あれは先生が、模写しただけです。模写してわずかに加筆して、傑作にしてあげて世に出したものです」

田村「――」

スイケン「先生はあの絵に君のサインなどしておらん。サインを入れて世に出したのはわしです。先生は贋作など描いておられん」

田村「――」

間

スイケン「田村君」

間

スイケン「あんたはあの作品を初めて見た時、自分のじゃないと、何故、判りました」

間

田村「海の描写だね」

間

スイケン「そう、海の描写力」

田村「――」

スイケン「あんたの描いたものじゃないあの絵の中の、海の描写を見て、どう思いました」
田村「――」
スイケン「敗けた、とあんた、思ったでしょう」
田村「――」
スイケン「思って、震えたンじゃないンですか」

田村。

――葉巻を出し、口に咥える。

田村「思ったね、正直」
スイケン「そうでなきゃ困る」
田村「私は――津山君の」
スイケン「（ピシリ）君づけは止《や》め給え！」
田村「――」
スイケン「津山先生は、君より格上だ」
田村「――」

音楽――低い旋律で入る。B.G.

田村。

――葉巻に火をつける。

その手がかすかに震えている。

スイケン「君は今、自分の敗北を認めた」

田村「――」

スイケン「しかし本当は38年前、その敗北を認めるべきだった。認めて先生の〝海の沈黙〟に真摯に頭《こうべ》を垂れるべきだった。しかし、その時、君はそれをせず、ささいなイチャモンをつけ、一人の天才を画壇から葬ることに手を貸した」

間

スイケン「君は画描きとして上りつめたが、美ということの意味を忘れている」

田村「――」

スイケン「有名であろうと無名であろうと、金持ちであろうと貧しくあろうと、美しいということ、それは絶対だ」

田村「――」

スイケン「津山先生はこの期に及んでも、そのことだけを追求されてます」

田村「――」

間

スイケン「逢うことはできません。（立つ）お引き取り下さい。あ。ロンドンのオークションで、あんたの大昔の〝ロンドン橋《キョウ》〟が、さっき1億3千万で落札されたそうです。おめでとう（去ろうとする）」

清家「（立つ）一つだけ教えていただけますか」

スイケン「――」

清家「〝海の沈黙〟、あの絵をもう一度、じっくり見たいンです」

スイケン「――」

清家「あの絵は、今、どこに保管されてます」

スイケン。

――清家を見てフッと笑った。

スイケン「あなたのところにあるでしょう」

清家「ハ？」

スイケン「贋作扱いにされた田村君の〝落日〟――あの絵の下に眠っていますよ」

清家「――！」

スイケン「あれは1994年。田村君が落日を発表した六年後に、津山先生が仕上げたものだ」

清家。

田村。

スイケン「津山先生は〝海の沈黙〟を塗りつぶし、その上にあの、先生の〝落日〟を描かれたンです」

清家「――!!」

スイケン「津山先生は嘘いつわりもなく、あの頃キャンバスを買う金もないぐらい暮らしに困窮しておられましたからね」

二人「――」

音楽――ガーンと衝撃で入る。B.G.

97 秋・紅葉

98 新聞記事

「秋の叙勲　田村修三画伯に文化勲章」の新聞記事。

99　田村家（東京）

花屋が蘭の花を持ってくる。木内がそれを受け取る。
家の中は既に蘭であふれている。

花屋「どーも、おめでとうございます」
木内「ありがとうございます」
花屋「はい、気をつけて下さい」
別の花屋「こんにちはー。おめでとうございます」
水野「あ、清家先生からだ」
木内「わぁ、やっぱりすごいっすね」

100　美容院

セットの終わりかけた安奈。

美容師「一日中留袖じゃ疲れちゃいますね。せめて受勲式が終わったらどっかで洋服に変えられないンですか」

安奈「それが主人がねぇ、着物で通せってきかなくって。（スマホが鳴り、とって話す）ハイ。――」
スイケンの声「津山竜次の番頭をしている碓井と申します」
安奈「碓井……さん？」
安奈、席を立ち、待合の方へ。

101 待合

安奈、スマホを聞きながら入ってくる。
その足が一瞬凍りつく。
殆《ほとん》ど返事せず聞いている。
音楽――鈍い衝撃で入る。B.G.
安奈のC.U.

102 道

小走りに急ぐ安奈。

その耳にスイケンの電話の声。

声「今夜が峠だと医者は云ってます」

103 母屋・自室

安奈入って、ぼんやり鏡の前へ坐る。
目の前の明日の祝賀会の案内状。

104 イメージ

竜次「いや〜、見つかっちゃいましたね」
安奈「最近、こんなものを作ってますの。お暇な時に火をつけてみて」

105 安奈

106 走る安奈

タクシーが中々つかまらない（焦る安奈）。
タクシーが来て、急ぎ飛び乗る。
音楽——ア・テンポで叩きつけ入る。

107 車の中の安奈

高速道路の案内。羽田空港の文字。

108 離陸する飛行機

109 小樽

110 海

窓の向こうに白く光っている。
寝ている竜次。

その右腕がかすかに動いている。
竜次は夢の中で絵を描いている。

111　夢・幻のアトリエ――

キャンバスに向かっている竜次。

竜次「(絵に向かったまま) そこにいるのは誰だ」

カメラゆっくりパンすると寝椅子。
そこにうつ伏せに寝ている女。
背中一面に彫られた刺青。

竜次「(絵を描きつつ) 牡丹か」

牡丹「――」

竜次「もう少し、がまんしてくれ。後、もう少しで完成する」

牡丹「――」

熱中して筆を動かす竜次。

竜次「(描きつつ) いい赤だ。これだ。オレの求めていた赤は!」

112　イメージ――

炎がはじける。

竜次の声「おやじとおふくろが迎え火の赤をめざして、沖から浜へ、今、必死で泳いでいる」

113　幻のアトリエ――

音楽――バラライカがア・テンポで叩きつける。

絵筆を細かく動かす竜次。

竜次「(口の中で) おやじ！　おふくろ！　迎え火が見えるか！　迎え火の赤！――足らん！　赤をくれ！　ちがう！　その赤じゃない！　もっと真っ赤なヴァーミリオンの！――ちがうだろう。それじゃない。牡丹！　エ？」

泣きそうな顔で赤いチューブをさし出している安奈。

竜次「それは田村の――大学の赤だろう！　その赤じゃなく、オレの欲しいのは下北の浜の、あの夜の迎え火の！」

安奈が悲し気に絵の具箱を探す。

竜次「そうじゃないよ安奈！　判ってくれよ！　そっちの、そ――それだよあざみ！　それだよ！　その赤をくれ！」

安奈がいつかあざみに変わっている。

竜次「俺の口から吐き出した赤だよ！　キャンバスに吐いたろう！　キャンバスいっぱいに！　あの血を集めろ！　あの赤をくれ！　海の向こうに海の向こうにあの赤がかすかに、波の間にゆれてるのが見えて――」

114 ベッド

鼻にチューブをつけたまま苦し気に顔を歪《ゆが》めている竜次。

115 千歳空港ロビー

安奈、急ぎ走ってタクシーに乗る。

安奈「すいません。小樽までお願いします」

116 車の中の安奈──

117 半沢医院の病室（小樽）──

夕暮れ。

体中に管をつけられた竜次。

死んだようにベッドに横たわっている。

そばにいるスイケン。

竜次「（目をさます）今、何時だ」

スイケン「──もうすぐ5時です」

間

竜次「あざみはどこいる」

スイケン「下にいます」

間

竜次「あの娘《こ》はいい娘《こ》だ。それにあの肌！　あのキャンバスを汚《けが》すのは勿体ないよ」

スイケン「——」

竜次「実はあの娘《こ》の背中いっぱいに、スイレンを彫ろうと思ったンだ、最初は。モネのスイレンを超えるスイレンを」

遠い潮騒。

竜次「スイケン」

スイケン「ハイ」

竜次「お前が働いていたカタニアのレストランは——何て云ったけな」

スイケン「——レンティーニですか」

竜次「ああ、レンティーニ、レンティーニ」

間

竜次「クロトーネのゴッドファーザーが、お前のアンチョビパスタにはまって——喰いすぎて入院したことがあったな」

スイケン「ありましたね」（二人笑う）

竜次「あの時代がオレたちの青春だったのかな」

かすかな潮騒。

竜次「スイケン」

スイケン「ハイ」
竜次「夢を見た」
スイケン「どんな夢です？」

間

竜次「俺の描いたゴッホの糸杉の贋作を」
スイケン「──」
竜次「その前にゴッホがいて、その絵を見てるんだ」
スイケン「──」
竜次「ゴッホがふり返って俺に向かって急に云ったのさ。いい絵だろう、オレが描いたんだ」
スイケン「──」
竜次「いい絵ですねってオレが褒めたら、ゴッホも嬉しそうに又その絵に見入ってた（かすかに笑う）」
スイケン「──」
竜次「おかしいだろ」

間

スイケン「おかしいですね」

竜次「――」

竜次ゆっくり目を閉じる。

118 半沢医院（夜）

タクシーが到着し、安奈が急ぎ下りる。

119 同・廊下

スイケンが急いで来る。

120 階段

上がっていく二人。

121 病室前

小さくノックして戸を開けるスイケン。
カーテンをしめた真っ暗な部屋の中に、向こうをむいて横たわっている竜次。
部屋の中にポツンと一つのローソク。
それは、この前、安奈が土産にと持って来た安奈の作ったあのローソクである。

スイケン「（低く）先生。——竜さん」
竜次「——」
スイケン「お嬢さんがお見えになりましたよ」
竜次「——」
スイケン「竜さん、竜さん」
竜次「……（目を開ける）」
安奈、スイケンの手をソッと押さえる。
安奈の目はローソクに集中している。

122 ローソク——

木の幹の中に一人の老人の顔が浮かんでいる。
その老人の目にロウの涙がたまっている。

123 安奈 ――

124 竜次 ――

死んだようなその横顔。

125 安奈 ――

安奈「（スイケンに低く）もういいです」
スイケン「――」
安奈「（低く）そのまま――起こさないで、寝かしといてあげて」
スイケン「――」
安奈「もうよく――、充分――判りましたから」

126 ロ－ソク

老人の目からホロッとロウの涙がこぼれる。

127 安奈

じっとそのローソクの老人を見つめて、

安奈「(小さく口の中で) ありがとう」

安奈の目にいきなり涙があふれる。

安奈、静かに部屋を出る。

128 表

乗って来たタクシーの扉を叩く。

ドアが開く。

安奈「(乗りこんで) すみません、千歳の空港まで戻って下さい」

運転手「今から走っても、もう飛行機ありませんけど」

安奈「――」
運転手、車をスタートさせる。

129 走るタクシーの中

安奈「さようなら」
窓外を見ている安奈。
北海道から遠ざかって行く。

130 マロース

そのカウンターを、一人ポツンと拭いているあざみ。
ポンと肩を叩かれ、ふり返る。
黒い時代おくれのインバネスを着た竜次が、シッと唇に指を当て、隣へ坐る。
あざみ「やっぱり、先生だ。そんな気がした」
竜次「（小さく）スイケンには内緒だ。あいつはうるさ過ぎる（笑う）」

あざみ「どうしたの？　いいんですか、寝てないで」
竜次「大事なことをやり忘れてね」
あざみ「大事な？」

間

竜次「指を見せてくれないか、ちょっと君の指を……」
あざみ「指？」
竜次「さわるよ」
あざみ「どうしたの？」
竜次「君の背中にいっぱい睡蓮《すいれん》を咲かせたよ」

扉がガンと開いて、万次と源三がとびこむ。

万次「先生、顔を見せなかったか！」
源三「先生が病院から消えちゃったンだ！　婦長がさっき」
あざみ「先生はここに――（ふり返って、声を失う）」

竜次の姿はどこにもいない。
あざみ。

あざみ「だって――先生、（口の中で）つい今までここに――」

間

131 表

万次らをつきとばすように表へとび出すあざみ。

音楽——鋭く叩きつけ入る。B.G.

132 廃校

三人を乗せて車とび出す

133 校内廊下

雪が降り始める。

入口の柵が開いている。

万次たちの車、つづいて加納たちのバイク、中へ突進。

廃校の中に煌々《こうこう》と灯がつき、スイケンの車がドアの開いたまま乗りすてられている。

走るあざみ。

あざみ「先生！」
万次「竜さん!!」
「竜さーん」

134 アトリエ

開けられる。

とびこむあざみ。

そして万次たち。

そのアトリエのイーゼルの前に、倒れ込んだ竜次の遺体を抱えてボタボタ泣きながらうずくまっているスイケン。

その後に呆然と立っているドク。

あざみ。

万次。

とびこみ、立ちすくむバーテンとチカト。

あざみ「(口の中で) イヤダーーー!!」

あざみ　「（叫ぶ）イヤダーーー！」
　イーゼルにかけられた１００号の絵。
　黒い荒波の向こうに、小さく浜の迎え火が見えている。
　ゴヤが竜次をペロペロなめている。
　暗転。
　音楽——消える。

スイケン　「竜さん……」

135　波濤

　竜次の声が静かに流れる。

竜次の声　「スイケン。
永いこと世話になった。
君だけがオレを支えてくれた。
やっと、少しばかりの納得のいく作品が出来た。
この絵は君にやる。処分はまかせる。
世間の評価は一切気にしない」

136 海

荒れ果てた海にカモメが舞う。

竜次の声「この絵のために20数年描き溜《た》めた下絵のデッサンが戸棚の奥にある。全部あざみと処分してくれ」

137 マロース

カウンターに一人坐って飲んでいるあざみ。

竜次の声「彼女の肌に何も彫らなかったことを、今、オレはつくづく良かったと思っている」

138 安奈

ぼんやり手造りのローソクを見ている。

竜次の声「〝落日〟の下に塗りつぶした〝海の沈黙〟は、形はもうないが、田村夫人に送ろう。

美しいものは只記憶として心の底に刻まれていれば良い。

その価値を金で計ったり、力ある人間が保証したりするということは、愚かなこととしか思えない。

美は美であってそれ以上でもそれ以下でもない。

スイケン、そうは思わんかね」

　安奈の目にいきなり涙がつき上げる。

　音楽——

139
エンドマーク——

〈キャスト〉

津山竜次——本木雅弘
田村安奈——小泉今日子
大井 誠（貝沢市副市長）——久保隆徳
村岡 肇（美術館館長）——萩原聖人
あざみ——菅野 恵
半沢三郎（半沢医院院長）——村田雄浩
桐谷大臣——佐野史郎
画商——田中 健
バーのママ——三船美佳
伊吹（美術タイムス記者）——三浦誠己
丸山（大日新聞社）——寺泉 憲
老占師——津嘉山正種
牡丹——清水美砂
田村修三——石坂浩二
清家——仲村トオル
碓井健司——中井貴一

〈スタッフ〉

原作・脚本――倉本 聰
製作――曵地克之
プロデューサー――佐藤龍春
アソシエイトプロデューサー――谷山一也
増子美和
中村和夫
牛田直美
音楽――住友紀人
絵画協力――高田啓介
企画協力――フラノ・クリエイティブ・シンジケート
撮影――蔦井孝洋
照明――緑川雅範
録音――鶴巻 仁
美術――瀬下幸治
装飾――秋田谷宣博
編集――新井孝夫

監督補——村谷嘉則
キャスティング——出射 均
スクリプター——木下真理子
制作担当——鹿浜 勉
ヘアメイク——蜂須賀佳代
スタイリスト（本木雅弘）——宮本まさ江
衣裳——加藤哲也

特別協賛——日本航空株式会社
伊右衛門
フィナンシャルサポート——東日本銀行

〈**協賛**〉

マインズ／朝里クラッセホテル／mewgull
北海道新聞社／JR北海道
日興電機通信グループ／北海道エネルギー
ベル食品株式会社／株式会社ベストパートナー

ツムラ札幌／くつかけステイグループ
株式会社久松商事／東北住建株式会社
株式会社イワテック／菱和建設株式会社
岩手トヨペット株式会社／二葉運送株式会社
ホクレン／クロスポイント株式会社
株式会社インベストエイト／美術の窓
社会福祉法人暁星会／富良野とみ川
autec／一般社団法人ふらの観光協会
株式会社創文／富良野観光協会
野口観光グループ／伊東社会保険労務士事務所
美鈴コーヒーグループ

配給・宣伝——ハピネットファントム・スタジオ
製作会社——インナップ
監督——若松節朗

「海の沈黙 公式メモリアルブック」

取材協力
（敬称略）
本木雅弘
小泉今日子
菅野 恵
石坂浩二
中井貴一
若松節朗
高田啓介

スタイリング
田中伸紀／藤谷のりこ
ヘアメイク
後藤 順／磯嶋メグミ／藤井俊二／立身 恵
インタビュー撮影
中島慶子（マガジンハウス）
取材・文
寺田和代

編集協力
倉本財団
インナップ
ハピネットファントム・スタジオ

倉本 聰
（くらもと・そう）
1935年、東京都出身。脚本家・劇作家・演出家。
東京大学文学部美学科卒業後、1959年ニッポン放送入社。
1963年に退社後、脚本家として独立。
1977年、富良野に移住。
1984年から役者やシナリオライターを養成する
私塾「富良野塾」を主宰。
代表作に「北の国から」「前略おふくろ様」「昨日、悲別で」
「ライスカレー」「優しい時間」「風のガーデン」「やすらぎの郷」など多数。
2006年より「NPO法人C・C・C富良野自然塾」も主宰し、
閉鎖されたゴルフ場に植樹をし、元の森に返す自然返還事業と、
そのフィールドを使った教育プログラムにも力を入れている。
公式サイト：倉本聰界隈
http://www.kuramotoso.jp

海の沈黙

公式メモリアルブック

2024年10月24日　第1刷発行

著者
倉本 聰

発行者
鉄尾周一

発行所
株式会社マガジンハウス
〒104-8003 東京都中央区銀座3-13-10
書籍編集部 ☎03-3545-7030
受注センター ☎049-275-1811

印刷・製本
株式会社光邦

ブックデザイン
宮本亜由美

ISBN978-4-8387-3295-1 C0074